SOUVENIRS

DU

SIÈGE DE PARIS

UNE PAGE D'HISTOIRE

DE LA DÉFENSE NATIONALE

(1870-1871)

Tout pour la Patrie!

PARIS
IMPRIMERIE ET LIBRAIRIE CENTRALES DES CHEMINS DE FER
IMPRIMERIE CHAIX
SOCIÉTÉ ANONYME AU CAPITAL DE CINQ MILLIONS
Rue Bergère, 20
1890

À Monsieur Louis Gal,
de la Liberté.
Hommage sympathique,
[illegible]
juillet 1890

SOUVENIRS

DU

SIÈGE DE PARIS

(1870-1871)

EXÉCUTÉ PAR LES ÉLÈVES DE L'ÉCOLE PROFESSIONNELLE
DE L'IMPRIMERIE CHAIX

A. de Neuville

UN GARDE NATIONAL

MUNI DU SIFFLET DE SECOURS, AU BASTION 40

SOUVENIRS

DU

SIÈGE DE PARIS

UNE PAGE D'HISTOIRE

DE LA DÉFENSE NATIONALE

(1870-1871)

Tout pour la Patrie!

PARIS
IMPRIMERIE ET LIBRAIRIE CENTRALES DES CHEMINS DE FER
IMPRIMERIE CHAIX
SOCIÉTÉ ANONYME AU CAPITAL DE CINQ MILLIONS
Rue Bergère, 20
1890

A MES ENFANTS

En classant d'anciens papiers, destinés pour la plupart à être détruits, j'ai retrouvé toute une série de pièces se rapportant au Siège de Paris, et au concours que j'avais pu donner avec l'aide du personnel dévoué de ma Maison, à l'œuvre de la Défense Nationale. Il m'a semblé que ces souvenirs méritaient d'être conservés, au moins pour mes enfants, et j'en ai formé ce Recueil à leur intention.

Sans doute, après vingt ans, plusieurs des notes qui vont être reproduites paraîtront naïves. Mais si l'on se reporte à cette époque tourmentée de 1870, à ce moment où les esprits, surexcités par la fièvre patriotique, étaient possédés du désir en quelque sorte furieux de chasser l'ennemi et de renouveler à tout prix les hauts faits héroïques de nos pères, on s'expliquera facilement les illusions, les utopies, l'incohérence même des idées que présentent les actes et les écrits de cette période de notre histoire.

Je demande donc à mes enfants de lire ces souvenirs avec tout le respect que l'on doit aux émotions sincères et aux élans du patriotisme.

A. C.

J'ai fait figurer en tête de ce volume une reproduction du portrait, offert à ma femme et à mes enfants par plusieurs ouvriers de la Maison, qui avaient partagé avec moi les premières émotions du siège, et avec lesquels je me retrouvais au rempart.

A. C.

PREMIÈRE PARTIE

DÉFENSE DE PARIS

PLAN DES ENVIRONS DE PARIS

(réduit d'un tiers environ.)

(Voir page 10.)

DÉFENSE DE PARIS

I

TRAVAUX AUX FORTIFICATIONS

L'ennemi franchissait les Vosges. Le pays était envahi. Il fallait le défendre pied à pied. Il fallait en toute hâte, armer, contre l'invasion, Paris, le cœur de la France.

Le bruit courut que le nombre des bras occupés aux fortifications était insuffisant, qu'on faisait appel à l'initiative privée. Nous ne nous rappelons pas sans émotion avec quelle facilité le patriotisme improvisa, à cette occasion, des terrassiers. Dans la Maison fut aussitôt affiché l'avis que nous reproduisons ci-après :

AVIS

On a demandé, pour aider aux travaux de défense de Paris, des ouvriers terrassiers.

Toute personne de l'Établissement qui ira travailler aux fortifications recevra de la Maison une indemnité de trois francs par jour, indépendamment de celle qui lui sera allouée par l'État.

Se faire inscrire de suite près des contremaîtres.

A. Chaix et Cie.

9 août 1870.

Près de quarante ouvriers se présentèrent à leurs mairies respectives, demandant à travailler aux fortifications. On ne put, toutefois, accepter les services que d'un petit nombre.

M. Dubois, chef de la librairie, ayant fait à ce sujet une démarche auprès de la Direction des travaux, obtint la réponse suivante : « M. Alphand remercie M. Chaix de son initiative ; mais il a reçu plus de demandes qu'il ne peut en satisfaire. Les terrassiers abondent et il n'y a pas lieu de priver M. Chaix de son personnel. »

II

DÉPART DES OUVRIERS ALLEMANDS

Lors de la déclaration de guerre, un certain nombre d'ouvriers allemands travaillaient dans la Maison. M. Chaix facilita leur départ pour Genève, en obtenant pour eux la faveur de ne payer que demi-place sur la ligne de Lyon, et en leur fournissant des secours en argent (19 août).

III

PLAN DES ENVIRONS DE PARIS

Préoccupé de l'importance qu'il y avait à ce que tous les officiers chargés d'opérer autour de Paris eussent une connaissance précise des routes, M. Chaix offrit à M. le général Gouverneur, 5,000 exemplaires du petit plan de poche annexé au livret des environs de Paris (15 septembre) (1).

(1) Voir à la page 8 un *fac-similé* de ce plan réduit d'un tiers environ.

Cette offre fut acceptée par l'autorité militaire qui répondit dans les termes suivants :

Paris, 17 septembre 1870.

Monsieur,

Le Gouverneur de Paris vous adresse ses remerciements au nom du Pays. Il accepte votre offre patriotique et vous prie de vouloir bien faire remettre à son quartier général quelques milliers d'exemplaires sans les faire colorier.

Recevez, Monsieur, etc.

Signé : Cnel Faivre,
Aide de camp.

IV

PUBLICATIONS PATRIOTIQUES

Le 6 octobre, M. Chaix faisait au Gouvernement de la Défense nationale la proposition suivante :

Les gardes nationaux qui sont de service aux remparts ou dans les postes intérieurs restent pour la plupart inoccupés dans l'intervalle des factions.

Ces loisirs forcés pourraient être utilement remplis par des lectures propres à entretenir et à surexciter le courage, le patriotisme et l'esprit de discipline.

En dehors des ouvrages que le Gouvernement pourrait fournir dans les postes, M. Chaix propose au Comité de la Défense de publier *chaque semaine* l'histoire résumée d'un siège célèbre ou d'un fait militaire ayant quelque analogie avec la situation actuelle de Paris.

L'article inséré dans le *Journal officiel* du 2 octobre, sous le titre : « le siège de Vienne » commencerait la série de ces publications; puis viendraient : le siège de Gênes, le siège de Saragosse, le siège de Sébastopol, etc.

Les documents à publier seraient puisés dans les histoires contemporaines ou fournis par le Comité de Défense auquel les épreuves seraient soumises.

Les exemplaires pourraient être imprimés sous forme d'*affiches*, semblables au spécimen ci-joint, à apposer au nombre de cinq cents par semaine, savoir : deux dans chaque poste de bastion, un dans chaque poste intérieur, trois dans chaque fort; soit sous forme de feuilles à la main, renfermées dans une enveloppe de carton destinée à les protéger, et mises, au nombre de huit cents par semaine, à la disposition des lecteurs : cinq dans chaque poste bastion, une dans chaque poste intérieur, et cinq dans chaque fort.

Ce service serait placé sous la surveillance des chefs de poste qui seraient chargés de la conservation des exemplaires.

Si cette mesure était agréée, M. Chaix en prendrait tous les frais à sa charge, et le Gouvernement n'aurait qu'à répartir chaque semaine les exemplaires dans les différents postes.

(N° 2)

RÉPUBLIQUE FRANÇAISE

PUBLICATIONS PATRIOTIQUES

de la Garde Nationale

AU CAMPEMENT

Le changement qui vient de se produire dans le temps, le froid des dernières nuits ont pris au dépourvu beaucoup de Gardes nationaux. Nous voici dans la saison rigoureuse, et nous sommes, il ne faut pas l'oublier, à une des époques de l'année qui donnent le plus de malades, précisément à cause des variations subites de température. Il importe à nos Gardes nationaux de se prémunir contre ces influences mauvaises et d'appliquer avec attention les principes hygiéniques que commande le froid.

Le premier est, sans contredit, le changement fréquent de linge et la propreté absolue du corps. La sueur, en imprégnant les vêtements, y dépose le sel marin qu'elle contient, et celui-ci a toujours, comme le savent les ménagères, une tendance à rester humide. Avoir le corps et les vêtements secs est un premier point pour avoir chaud.

Toutes les parties du corps doivent être également couvertes : les épaules et la poitrine, pour éviter les bronchites et les pneumonies; l'estomac et le bas-ventre, pour combattre les diarrhées et les cholérines; les membres, pour prévenir les rhumatismes. Il est important aussi, — mais au point de vue militaire seulement, — que les mains soient abritées dans de très-gros gants où les doigts sont enfermés ensemble et où le pouce seul est libre. Il suffit que ces gants puissent être retirés en un clin d'œil, à la première alerte. Les lourdes chaussures doivent être également employées, même quand le temps est beau. La plante du pied, séparée du sol par une semelle épaisse, se refroidit moins au contact de la terre.

La nuit, il serait désirable que les tentes et les corps de garde ne fussent pas aussi hermétiquement fermés que d'habitude. Il est préférable, pour la santé des hommes, qu'ils couchent plus ouverts et que l'air respiré se renouvelle plus facilement. Le corps de garde trop chaud expose ceux qui en sortent à être saisis par l'air froid, auquel leurs poumons sont mal préparés.

Il ne faut pas perdre de vue qu'un bon feu en plein air vaut toujours mieux, quand la consigne permet de l'allumer, que l'étouffante chaleur d'un poêle, surtout si celui-ci est en fonte. Alors c'est un véritable danger. On sait aujourd'hui que la fonte échauffée dégage des gaz délétères dont l'influence pourrait, dans certains cas, être fatale. Les chefs de poste ne devront pas hésiter à rejeter de la façon la plus absolue ce mode de chauffage.

Un mot, enfin, des boissons que l'on prend « pour se réchauffer ». Que chacun se pénètre bien de ceci : que les liqueurs alcooliques, prises en excès (ne fût-ce qu'en léger excès), loin d'être réconfortantes en temps de froid, glacent le corps. En hiver, l'ivresse, à cause de cela même, devient facilement mortelle, pour peu que l'action du froid extérieur vienne s'ajouter à celle de l'alcool.

Une petite quantité d'eau-de-vie, au contraire, ou de rhum, ou de toute autre liqueur, est un bon réconfortant; c'est le seul qui soit toujours sous la main, quand on est en marche ou en faction. Le rhum vaut mieux que l'eau-de-vie, et en général plus la liqueur est aromatique, plus elle remplit le but. On peut improviser, avec de l'alcool de vin et des épices ou des aromates, d'excellentes liqueurs qui réchauffent en y mouillant les lèvres. L'élixir de Chartreuse est le type de ces breuvages.

Au campement, le réconfortant par excellence contre le froid est le café, et encore plus le thé. Il est difficile, nous le savons, de se procurer à Paris du thé de bonne qualité; c'est pour cela, peut-être, que les Parisiens ont le tort de n'y voir qu'une sorte de médicament. Le thé un peu fort, bien chaud, relevé avec du sucre et de l'eau-de-vie, est, sans contredit, la meilleure boisson réchauffante, de l'avis de tous ceux qui ont fait campagne dans les pays froids. Aussi engageons-nous vivement les commandants de la Garde nationale à faire en sorte que les cantines de leurs bataillons soient pourvues de thé de bonne qualité.

(*Avenir National* et *Journal Officiel* du 8 octobre 1870.)

M. Chaix ne tarda pas à recevoir une réponse. Nous la reproduisons ci-après :

Paris, le 9 octobre 1870.

Monsieur,

J'ai présenté votre projet aux membres du Gouvernement. Tout le monde y a applaudi ; mais on a vu un inconvénient sérieux à placer vos publications sous le patronage officiel. Patronage implique contrôle. Le Gouvernement ne veut pas assumer cette responsabilité. Suivez votre idée ; exécutez-la ; vous serez applaudi de tous ; et pour mener votre plan à bien, vous n'aurez eu besoin de personne.

Agréez, etc.

Signé : André LAVERTUJON,

Secrétaire du Gouvernement de la Défense nationale.

Le 11 octobre, le général Tamisier, commandant supérieur des gardes nationales, écrivait à M. Chaix la lettre suivante :

Paris, le 11 octobre 1870.

Monsieur,

J'ai reçu la lettre que vous m'avez adressée, ainsi que les copies de votre proposition au Gouvernement de la Défense nationale et de la réponse qui vous a été faite.

Je m'empresse de vous informer que, pour répondre à votre demande, je donne des ordres pour qu'on vous communique la liste des Chefs de bataillons avec leurs adresses. Vous pourrez donc envoyer une personne pour en faire un extrait.

Recevez, Monsieur, l'assurance de ma considération distinguée.

Le Commandant supérieur des Gardes nationales,

TAMISIER.

Les 13 et 15 octobre une circulaire était envoyée aux généraux et amiraux commandant les secteurs, ainsi qu'aux chefs de bataillons, à l'effet d'obtenir l'indication des postes placés sous leur commandement, et dans lesquels il convenait d'apposer les affiches des publications patriotiques. Cette circulaire était ainsi conçue :

Paris, le 15 octobre 1870.

Monsieur le Général,

Nous avons proposé au Comité de défense et à M. le général Tamisier, commandant supérieur des Gardes nationales, de publier à nos frais une série de documents destinés à être mis à la disposition des Gardes nationaux de service.

(N° 7)

RÉPUBLIQUE FRANÇAISE

PUBLICATIONS PATRIOTIQUES
de la Garde Nationale

LA SANTÉ DU SOLDAT

La SOCIÉTÉ MÉDICALE des hôpitaux de Paris, préoccupée de la santé des hommes qui font campagne, leur adresse les conseils suivants. — Elle fait un pressant appel, pour seconder ses efforts, au patriotisme et au zèle des officiers et sous-officiers.

Dans les grandes guerres, il y a plus de malades que de blessés, plus de morts par les maladies que par les feux de l'ennemi. — Sur 100 décès, il y en a 75 par les maladies, 25 seulement par le feu.

—

SOBRIÉTÉ

L'abus des liqueurs est tellement dangereux, que pour détruire efficacement le mal, le général Grant, aux États-Unis, en prohiba absolument l'usage dans les camps et même dans les mess d'officiers.

Cette défense fut suivie d'une amélioration notable dans la santé des troupes.

Il est certain, de trop nombreux exemples le prouvent, qu'une semblable mesure est aussi urgente pour nous, et elle aurait, si elle était strictement observée, les mêmes résultats qu'en Amérique (1).

L'usage des liqueurs est funeste, à jeun surtout. Elles produisent le tremblement, l'abrutissement et de nombreux cas de folie. — L'absinthe, plus redoutable encore, cause souvent le haut-mal.

Quand l'alimentation est insuffisante, c'est une grave erreur de croire qu'on peut longtemps remplacer les aliments par les liqueurs fortes ; leur abus détermine des dérangements de corps et même la dysenterie.

Elles sont presque toujours frelatées et produisent rapidement l'ivresse ; or, *en campagne en face de l'ennemi, l'ivresse est un crime et une lâcheté.*

Après une faction par le froid et la pluie, après une nuit de garde, une soupe chaude, du café ou du thé chauds et sucrés, auxquels on peut ajouter une très-faible proportion d'eau-de-vie ou de rhum, sont les meilleures boissons.

Les chefs de corps, soucieux de la discipline et de la santé de leurs soldats, feront exercer une surveillance sévère sur le personnel des cantiniers et surtout des cantinières.

Ils ont aussi le droit et le devoir de faire vérifier la qualité des produits vendus dans les cantines.

(1) [illegible]

ALIMENTS

En baraques, la cuisine faite sur des fourneaux fixes sera meilleure, coûtera moins cher, et il y aura moins de gaspillage.

Quand on fait usage des salaisons, les faire tremper pendant plusieurs heures dans de l'eau froide d'abord, puis changer cette dernière pour les faire cuire.

Pour éviter le scorbut, y joindre des légumes frais si c'est possible, cuits ou crus, surtout de la salade. — Laver la bouche à grande eau à la fin du repas.

Dans les expéditions au pôle nord, on s'est bien trouvé de mâcher chaque jour une ou deux rondelles de pommes de terre crues.

Dans les marches à la pluie, protéger le pain en l'enveloppant dans un morceau d'étoffe imperméable.

Quand, à défaut de pain, on mange du biscuit, il faut le ramollir en le trempant dans un liquide : eau, bouillon, vin, café, etc.

On peut aussi le rafraîchir en l'exposant à un feu de braise.

Le biscuit mangé sec est difficilement digéré et cause des dérangements de corps.

—

PROPRETÉ

Chaque jour, l'homme devrait se laver tout le corps avec de l'eau et du savon.

En campagne, les lavages généraux sont impossibles, mais, en dehors des soins habituels de propreté, on devra se laver les pieds chaque jour, et surtout après de longues marches. Ces lavages reposent beaucoup, et, s'ils sont faits rapidement et avec de l'eau tiède ou froide ils fortifient la peau, loin de la ramollir.

En campagne, surtout l'hiver, il est préférable de laisser pousser toute la barbe, mais il faut la tenir proprement et la raccourcir avec des ciseaux. Tenir les cheveux courts.

L'usage du rasoir en commun peut causer des maladies de la peau contagieuses et rebelles.

Éviter de se servir, sans les avoir bien lavés et essuyés, du verre, du bidon, du couvert de ses camarades. Il ne faut jamais fumer avec la pipe des autres. De graves maladies ont été souvent communiquées par l'usage commun de ces objets.

Des visites fréquentes des soldats doivent être faites au point de vue de la propreté et de la santé par le chirurgien du corps.

VÊTEMENTS

En campagne, l'hiver surtout, le soldat ne devrait porter que de la laine : chemise, caleçon, chaussettes.

Quand on a été mouillé, le premier soin doit être de se sécher par tous les moyens possibles et de changer de chaussures.

Le linge de corps, toile ou laine, sera lavé souvent : une fois par semaine, si c'est possible.

Avec la chaleur perdue des cuisines en plein air et des feux de bivouac, faire chauffer l'eau pour les soins de propreté et de blanchissage.

—

COUCHER

Au bivouac, un morceau de tissu enduit de caoutchouc de 1 mètre de large sur 1 mètre 80 de long, étendu par terre, rendrait de grands services en préservant absolument le corps de l'humidité du sol. L'homme enveloppé dans sa couverture de laine s'étendrait sur ce drap, qui, en marche, s'il pleuvait, servirait de manteau et protégerait l'homme, son fourniment et ses vivres.

Cette couverture en caoutchouc a rendu de grands services aux soldats américains, qui en étaient tous pourvus ; elle est considérée comme un des moyens qui ont le plus contribué à maintenir en bon état la santé des troupes.

Pour faire de ce caoutchouc un manteau, il suffit d'ajouter près du bord d'un des côtés les plus longs une série d'œillets métalliques à 5 ou 6 centimètres de distance ; en passant du fort lacet ou une corde dans ces œillets, on transformera ce drap en un manteau formé imperméable.

Avec un couvre-képi à couvre-nuque et ce manteau, tout le haut du corps est complètement à l'abri de la pluie.

Au bivouac en plein air, se couvrir la figure pendant le sommeil pour éviter les maux d'yeux.

En baraques, le lit de camp en planches, quoique plus dur est préférable aux matelas au point de vue de la propreté ; les matelas deviennent vite durs et se remplissent de vermine.

A moins de pluies abondantes, les baraques seront largement ventilées pendant le jour, en laissant portes et fenêtres ouvertes.

Se défier des femmes qui rôdent dans le voisinage des campements, elles sont presque toutes malades. Beaucoup de soldats de la mobile sont mariés, les gardes nationaux sédentaires le sont presque tous ; qu'ils sachent bien qu'un moment d'égarement et d'oubli peut faire entrer dans la famille une maladie justement redoutée, dont la guérison n'est jamais certaine, et qui frappe ses victimes jusque dans leurs enfants.

[illegible]

Cette publication comprendra notamment l'histoire des sièges héroïques et sera placardée une fois par semaine, sous forme d'affiche, dans les postes et aux secteurs.

Le Comité de défense et M. le général Tamisier ont approuvé cette proposition par deux lettres que nous reproduisons ci-contre.

Nous venons en conséquence, Monsieur le Général, vous prier de vouloir bien nous faire remettre, le plus tôt qu'il vous sera possible, la liste des postes de votre secteur dans lesquels il vous conviendrait que ces affiches fussent posées.

Veuillez agréer, Monsieur le Général, l'assurance de notre considération la plus distinguée,

A. Chaix et Cie.

P.-S. — La première affiche contiendra l'histoire du siège de Vienne en 1683, publiée dans le *Journal officiel* du 2 octobre 1870.

Aussitôt ces renseignements obtenus, l'impression des publications patriotiques commença.

Ces affiches parurent au nombre de sept (1). En voici les titres :

N° 1. Le siège de Vienne.
N° 2. Au campement.
N° 3. Washington.
N° 4. Siège de Strasbourg.
N° 5. Carnot. Organisation de la victoire.
N° 6. Siège de Venise de 1849.
N° 7. La santé du soldat.

La Maison organisa un service régulier d'affichage. Tous les postes, les ambulances, les mairies, les cantines furent constamment garnis de publications patriotiques. On expédia également en province, par ballon, des exemplaires imprimés sur papier pelure. Les gardes nationaux se souviennent de cette série de publications, qui passèrent alors sous leurs yeux, et dont la première surtout, le siège de Vienne, causa une véritable sensation.

On a cru alors que la publication de ces affiches était l'œuvre du Gouvernement de la Défense nationale, et plusieurs organes de la presse l'ont félicité de son initiative patriotique. La publi-

(1) Voir aux pages 12 et 14, le *fac-simile* réduit de deux de ces affiches. Le texte des sept affiches est reproduit à la fin du volume.

CITOYENS,

A cette heure suprême, où le salut de la France dépend de l'attitude de Paris, il faut se rappeler ce qu'est la paix des Prussiens :

« *Après les désastres du premier empire, lorsque* ***Blücher****, parcourant nos* ***Musées****,*
» *s'appropriait nos chefs-d'œuvre,* ***M****. le baron* ***Denon****, qui l'accompagnait, lui faisait*
» *observer que les objets dont il s'emparait n'avaient jamais appartenu à la* ***Prusse****.*
» *Voici la réponse du Maréchal Blücher, vrai type de* ***Prussien*** : **HALT'S MAUL**
» *(Tais ta gueule.)* »

(Walter Scott, Lettres de Paul.)

Ainsi, pas d'illusions ; aujourd'hui, comme en **1815**, le Prussien serait un vainqueur implacable.

Si nous ne voulons pas qu'un nouvel ***HALT'S MAUL*** nous fasse rougir de honte devant nos enfants, restons inébranlables dans la défense, et prouvons au monde qui nous regarde, que nous sommes toujours dignes du nom de Français.

VIVE LA RÉPUBLIQUE !

Imprimerie centrale des chemins de fer. — A. CHAIX ET Cie, rue Bergère, 20, à Paris.

cation en a été d'autant mieux accueillie et on a pu ainsi lui conserver le privilège de l'affichage sur papier blanc.

D'autres publications, conçues dans un même esprit et répandues dans un même but, sortirent à cette époque des presses de la Maison. Nous mentionnerons ici, entre autres, celle que M. Chaix fit imprimer pour rappeler aux assiégés le « Halt's Maul » de Blücher (1), pénible souvenir de la première invasion, qu'il faisait suivre des paroles suivantes : « Si nous ne voulons pas qu'un autre *Halt's Maul* nous fasse rougir de honte devant nos enfants, restons inébranlables dans la défense... »

Le service des publications patriotiques fonctionna avec la plus grande régularité pendant toute la durée du siège. Le dernier numéro « *la Santé du soldat* » a été réimprimé sur papier gris clair après la capitulation de Paris. Lorsque l'on caserna la garde mobile, qui venait de rentrer à Paris, dans les baraques réputées malsaines des anciens boulevards extérieurs, M. Chaix y fit apposer, à l'insu de tous, 4,000 exemplaires de cette affiche.

V

LA LEVÉE EN MASSE

Parmi les publications dont la Maison prit l'initiative, dans l'intérêt de la défense, on doit mentionner aussi un appel adressé au Gouvernement de la Défense nationale, à la date du 6 octobre, pour provoquer la *levée en masse*.

Il demandait :

« Qu'une loi fût rendue d'urgence appelant obligatoirement à la défense de la Patrie tout Français en état de porter des armes.

» Que, par cette loi, tout ouvrier sachant travailler le fer ou le bois fût requis de se rendre dans les arsenaux de l'État,

(1) Voir à la page précédente un *fac-similé* réduit de cette affiche.

RÉPUBLIQUE FRANÇAISE

AVIS IMPORTANT

Il vient d'être établi à la porte de chaque Mairie une boîte spéciale destinée à recueillir les renseignements intéressant la **DÉFENSE NATIONALE** et les **OPÉRATIONS MILITAIRES.** Ces renseignements peuvent ne pas revêtir la forme de lettre et n'être que de simples notes ou avis.

Chaque Citoyen peut, en outre, déposer dans les *boîtes aux lettres de quartier* ces mêmes renseignements, qui seront réunis par les soins des facteurs de la poste, et remis chaque soir au Maire de Paris.

Il est inutile de faire ressortir l'importance de cette mesure, qui permet à chacun de donner un bon avis et de contribuer ainsi à la défense de la Patrie.

Imprimerie centrale des chemins de fer. — A. CHAIX et Cie, rue Bergère, 20, à Paris. — 11788-70.

dans toutes les fabriques d'armes de la France, pour y être employé selon ses aptitudes. »

M. Edgar Quinet, dont la plume éloquente demandait aussi, avec une grande chaleur patriotique, la levée en masse, écrivait à ce sujet à M. Chaix :

J'ai lu avec infiniment d'intérêt votre appel au *Gouvernement de la Défense nationale*. Nous sommes parfaitement d'accord, et j'en suis très heureux. Ne nous lassons pas de marcher dans cette voie. Le salut est là, il ne peut pas être ailleurs.

VI

BOITES DE RENSEIGNEMENTS

Le 27 septembre, M. Chaix proposait au Gouvernement de la Défense nationale : « D'établir dans les différents quartiers de Paris un certain nombre de boîtes destinées à recueillir les renseignements et les communications que chaque citoyen pourrait présenter concernant la Défense nationale; le contenu de ces boîtes serait relevé deux fois par jour, par les soins des facteurs de la poste; le dépouillement en serait fait sur des imprimés spéciaux dont M. Chaix propose un modèle; ces feuilles de dépouillement, avec les pièces à l'appui, seraient envoyées immédiatement au Comité de défense, où on organiserait un service spécial chargé de les examiner et de les signaler à l'attention de qui de droit.

» M. Chaix a actuellement deux cents boîtes toutes préparées, conformes à celles qu'il a fait déposer à la mairie du IXe arrondissement. Il se dispose à les faire placer immédiatement, si sa proposition est accueillie, par ses soins et à ses frais :

» 1° Aux portes des vingt mairies;

» 2° Aux bureaux de poste et autres lieux qui lui seront désignés.

» Il fournirait également les feuilles de dépouillement dont il a été remis des modèles, et les autres imprimés relatifs à ce service.

» Comme complément à ce qui précède, M. Chaix propose d'ouvrir à l'Hôtel de ville ou dans chaque mairie un bureau spécial destiné à recevoir plus particulièrement les renseignements concernant les opérations militaires. Chaque renseignement fourni et ayant une valeur réelle donnerait droit, selon son importance, à une récompense de cent à dix mille francs. M. Chaix offre dans ce but un premier fonds de mille francs. »

Cette proposition était appuyée par la mairie du IXe arrondissement dans les termes suivants :

C'est avec satisfaction que nous verrions placer dans le IXe arrondissement des *Boîtes d'avis et de renseignements* concernant la Défense nationale, conformément au plan que nous a soumis M. Chaix, plan auquel nous avons donné notre approbation.

Le Président de la Commission d'armement, Maire-Adjoint,
Signé : MASSOL.

Le Comité de défense ayant favorablement accueilli le projet de cette innovation, M. Chaix fut prié de s'entendre, pour l'exécution, avec la Direction générale des postes. Le 19 octobre, il recevait, de cette administration, la réponse que nous reproduisons ci-après :

Monsieur,

En réponse à la communication que vous avez bien voulu lui faire, M. le Directeur général me charge de vous informer que la commission compétente, à laquelle il a soumis votre projet, n'a pas cru, pour éviter une grande aggravation dans le service, devoir y donner suite, les boîtes aux lettres ordinaires remplissant d'ailleurs le même objet.

Le Secrétaire particulier,
Signé : E. STOULLIG.

Néanmoins, M. Chaix ne crut pas devoir renoncer entièrement à la réalisation de son idée. Vers le 25 octobre, il écrivait à M. Étienne Arago, maire de Paris :

Monsieur le Maire,

Permettez-nous d'appeler votre attention sur l'opportunité de placer, dans les divers quartiers, des boites destinées à recueillir les avis concernant la *défense nationale* et les *opérations militaires*.

Le maire de notre arrondissement (IXe), entièrement favorable à ce projet, nous avait donné toute latitude relativement à sa réalisation.

Disposés à prendre entièrement à notre charge toute l'installation de ce service, nous n'avions plus besoin que de l'aide des facteurs de la poste pour en assurer le fonctionnement.

La demande que nous avons adressée, à cet effet, à M. le directeur général des postes, n'ayant pas été accueillie, nous venons vous proposer, Monsieur le Maire, de procéder à l'organisation du service sur une échelle moindre en plaçant simplement une boite dans chaque mairie.

Nous n'avons pas besoin, Monsieur le Maire, de faire ressortir ici le grand intérêt que pourrait présenter cette mesure, ne permettrait-elle de recueillir qu'un seul avis utile, à côté de dix autres inapplicables. Mais pour provoquer le dépôt de ces avis, il nous paraît indispensable d'appeler sur l'œuvre l'attention du public; et c'est à cette fin que nous avons l'honneur de vous proposer de faire mettre à nos frais sur les murs de Paris une affiche du genre de celle dont nous joignons à ce pli un spécimen et à laquelle nous ferions subir toutes les modifications que vous jugeriez convenable d'y apporter (1).

Veuillez agréer, etc.

Cette proposition fut rappelée à M. le maire de Paris par une seconde lettre, en date du 9 novembre, et dont voici les termes :

Monsieur le Maire,

Permettez-nous de vous rappeler notre proposition relative au placement, à nos frais, à la porte de chaque mairie, de boites spéciales destinées à recueillir les renseignements des particuliers concernant la *défense nationale* et les *opérations militaires*.

La boite nº 1, que nous avons placée, pour expérimentation, rue Bergère, nº 20, a reçu les renseignements que nous vous transmettons sous ce pli. Nous croyons donc devoir insister sur l'utilité de ce service. . . . . .

. . . .

Veuillez prendre note aussi, Monsieur le Maire, que pour tout ce qui pourra intéresser la défense nationale, nous nous proposons de l'exécuter également à nos frais, dans la mesure de nos forces et de nos moyens.

Recevez, Monsieur le Maire, etc.

Aucune pièce du dossier n'indique qu'une réponse quelconque ait été faite à cette proposition.

---

(1) Voir à la page 18 un *fac-similé* réduit de cette affiche.

Nous reproduisons ci-après l'analyse de quelques-uns des avis recueillis par la boîte n° 1 mentionnée dans la lettre à M. le maire de Paris.

Les Prussiens ne pouvant se passer de tabac, donner des ordres pour que le tabac soit préalablement enlevé de tous les lieux où l'on redoute leur passage.

Les magasins et dépôts renfermant des subsistances ne sont pas suffisamment gardés. A la halle et ailleurs, il n'y a qu'un factionnaire : il en faudrait mettre deux à chaque porte.

On signale les mauvais soins donnés aux bestiaux parqués au Jardin des Plantes. Il faudrait leur donner plus d'espace pour qu'ils puissent se coucher, — puis les tenir propres et au sec, et ne pas leur mettre leur nourriture dans la boue.

De la route de Saint-Denis à Saint-Ouen, on distingue, sur le penchant de la colline d'Orgemont, une maison blanche qu'il importerait d'abattre parce qu'elle sert d'abri à l'ennemi.

Donner ordre *secrètement* à des armateurs du Havre, de Bordeaux, de Saint-Nazaire, d'envoyer *secrètement* des navires dans l'Amérique du Sud chercher de la viande salée.

A tout prix, faire le vide autour de l'ennemi.

Ordre aux Français de tout détruire, de tout brûler sur le passage de l'ennemi.

Indemniser en rentes 3 %.

VII

LE SILENCE

Vers cette même époque, la Maison publiait les réflexions suivantes :

Parmi nos moyens de défense, il en est un dont nous méconnaissons trop l'importance et que nos ennemis savent au contraire utiliser avec une rare habileté : c'est le secret, le secret absolu.

Une grande partie de nos fautes et de nos malheurs provient de ce besoin de parler et d'écrire qui est un des côtés faibles du caractère français, et les indiscrétions de la presse sont arrivées à un tel degré que bien des gens se prononcent pour la suppression totale des journaux pendant le siège.

Sans aller jusque-là, nous devons convenir que la presse manque trop souvent de réserve et de prudence.

Pourquoi, dès les premiers jours du mois d'août, un journal annonçait-il qu'une forte cargaison de fusils allait être envoyée d'Angleterre en France? La Prusse ignorait peut-être ce projet; nous le lui avons appris et elle a immédiatement entravé l'expédition.

Pourquoi les ateliers où se fabriquent nos canons et nos mitrailleuses sont-ils chaque jour clairement désignés? Est-ce pour que l'ennemi, à un moment donné, pointe ses pièces sur ces établissements et les anéantisse?

Pourquoi a-t-on triomphalement annoncé que le blocus moral que nous subissions allait être rompu grâce aux pigeons voyageurs? — Est-ce pour que les Prussiens fassent détruire par leurs faucons ces précieux auxiliaires?

Pourquoi publie-t-on que telle troupe a reçu des vivres pour plusieurs jours, avec l'ordre de se tenir prête pour une expédition prochaine, et que les ambulances ont été averties de disposer leurs convois? — Est-ce pour enlever à nos chefs toute chance de surprendre nos vigilants ennemis?

Pourquoi, hier encore, un journal désignait-il le jardin de la place des Vosges comme un des principaux dépôts de pétrole? Est-ce pour qu'un espion y entre plus aisément allumer l'incendie?

C'est à qui surprendra un secret et le divulguera pour le mince plaisir d'être le premier à le répandre; le mal causé par cette fatale manie est incalculable.

Dans les premiers jours du siège, nous voyions partout des espions prussiens; pourquoi n'avons-nous pas pourchassé de même tous les donneurs d'informations qui ne sont pas moins à craindre?

Sachons nous taire, de grâce, sachons nous taire; imitons en cela nos ennemis, qui, depuis le jour où M. de Bismarck, habile à s'effacer à propos, se faisait ordonner le repos de Varzin, — ont réussi à nous dissimuler leur force comme leur faiblesse.

Leurs dispositions sont prises, leurs batteries se dressent, leurs convois arrivent, leur diplomatie travaille, tout cela en silence, en secret; puis le moment venu, ils se démasquent et nous accablent.

Sachons nous taire; il faut que l'ennemi ignore absolument ce qui se passe dans nos murs; il faut lui cacher jusqu'aux moindres détails, car il sait tirer parti de tout pour nous combattre.

En ce moment, nous ne sommes pas une association politique au sein de laquelle toutes les libertés puissent avoir leur jeu normal; Paris est une ville assiégée qui, à ce titre, doit être prête à tous les sacrifices, notamment à celui de la liberté de la parole et de la presse, au moins en ce qui concerne les faits de guerre.

Sachons nous taire, et si le silence et le secret sont une souffrance pour nous, sachons la supporter comme il convient à des cœurs français.

Un mois de silence et la Prusse sera vaincue.

F. D.

Paris, le 16 novembre 1870.

En publiant ces considérations, M. Chaix était certainement d'accord avec la majorité des défenseurs de Paris. On remarquera avec intérêt, d'ailleurs, que parmi les avis qui ont été déposés dans la boîte de renseignements dont il est question dans le chapitre précédent figurait précisément le suivant :

Les journaux nous perdent en révélant chaque jour mille choses que nous devrions tenir cachées. Les suspendre tous pendant la durée du siège.

Comme complément de ce qui précède, nous reproduisons ci-après une correspondance relative à la même question échangée entre M. Élie de Beaumont et M. Chaix.

Paris, le 15 décembre 1870.

A Monsieur Élie de Beaumont, secrétaire perpétuel de l'Académie des Sciences.

Monsieur,

Le *Journal officiel* du 13 décembre publie un compte rendu de la séance de l'Académie des Sciences du 12 décembre, d'après lequel M. Élie de Beaumont, dépouillant la correspondance, signale l'appareil aérostatique de M. Trouvé et en décrit, avec détails, la construction.

Permettez-moi, Monsieur, d'appeler votre attention sur les inconvénients de cette publicité, qui donne ainsi la clef des applications heureuses que peuvent faire nos inventeurs.

Des exemplaires du *Journal officiel* sont employés comme lest dans nos ballons et les renseignements qu'ils renferment parviennent nécessairement à la connaissance de nos ennemis.

Les Allemands, habiles à s'approprier ce qui peut leur être utile, ne manqueront pas d'expérimenter nos découvertes, et, si l'on ne met ordre à cette tendance constante à divulguer tout ce que nous faisons, nous ne devrons pas être étonnés de voir prochainement les aérostats prussiens au-dessus de Paris, avant même que nous ayons pu appliquer ce système à notre défense.

Pardonnez-moi, Monsieur, les observations que je viens d'avoir l'honneur de vous présenter, et veuillez n'y voir que le vif désir que nous avons tous d'êtres utiles à la défense de notre pays.

Paris, le 17 décembre 1870.

Monsieur,

Je ne suis pas moins convaincu que vous-même de l'opportunité de la discrétion pour tout ce qui se rattache à la guerre. Vous en demeurerez convaincu si vous voulez bien prendre la peine de jeter un coup d'œil sur le compte rendu imprimé de nos séances qui paraît chaque semaine en un cahier in-4° (chez Gauthier-Villars, 10, rue de Seine) et qui est envoyé à toutes les bibliothèques publiques. Veuillez me permettre de vous citer particulièrement la page 845 du dernier cahier, n° 24, séance du 12 décembre, où se trouve mentionnée l'invention qui a fixé votre attention.

Quant aux réclames qui se glissent dans les articles des journaux, elles échappent à notre contrôle, mais pas toujours à vos judicieuses critiques. Il faudrait peut-être craindre de discréditer ces dernières en les appliquant spécialement à une petite mécanique qui ne sera jamais qu'un joujou; mais je serais heureux que vous puissiez ramener ceux qui écrivent trop à concourir par le silence au but que nous avons tous d'être utiles à la défense de notre pays.

Recevez, etc.

ÉLIE DE BEAUMONT.

VIII

AFFICHES ET CARTES DES RÈGLES DU TIR

Le 10 novembre, M. Chaix offrait à M. le général commandant la garde nationale mille affiches des règles du tir du fusil à tabatière, dont était armée la garde nationale (1). Ces affiches devaient être apposées dans tous les postes, afin de répandre parmi les gardes nationaux, sous une forme succincte, des connaissances nettes et précises sur la manière de se servir le plus utilement de leur arme.

Cet offre fut acceptée avec empressement, ainsi que le témoigne la lettre, reproduite ci-après, de M. le colonel Montagut, chef d'état-major général de la garde nationale :

Paris, le 16 novembre 1870.

Monsieur,

Le colonel Montagut, qui a mis sous les yeux du commandant supérieur l'affiche ci-jointe, me charge de vous remercier de votre initiative patriotique.

Les murs de Paris doivent être couverts de ce placard.

M. le colonel Nessler, chargé du service de tir, prendra des mesures pour qu'il soit affiché aux lieux les plus convenables.

Agréez, Monsieur, etc.

Signé : E. RENAULT.

Les affiches furent placardées :

500 dans les postes de Paris;
300 dans les secteurs;
200 dans les forts.

(1) Voir à la page 26 un *fac-similé* réduit de cette affiche.

RÈGLES DE TIR
DU
FUSIL A TABATIÈRE

AVEC LA HAUSSE A 200 MÈTRES

à **100**	mètres,	viser	les pieds.
à **150**	d°	d°	les genoux.
à **200**	d°	d°	la ceinture.
à **250**	d°	d°	la tête.

AVEC LA HAUSSE A 400 MÈTRES

à **330**	mètres,	viser	les jambes.
à **400**	d°	d°	la ceinture.
à **450**	d°	d°	le sommet de la tête.

AVEC LA HAUSSE A 600 MÈTRES

à **600** mètres, viser la ceinture.

RECOMMANDATIONS

Le plus grand calme.
Pas de témérité inutile.
Choisir les meilleurs abris.
Tirer PEU mais tirer JUSTE.

Imprimerie centrales des Chemins de fer. — A. CHAIX et Cie, rue Bergère, 20, à Paris. — 9643-0.

Pour compléter l'effet utile de cette publication, M. Chaix fit imprimer les mêmes règles sur une carte, ayant le format des cartes de visite, dont il offrit, le 12 décembre, à l'état-major général, 9,200 exemplaires, pour être remis à tous les officiers de la garde nationale.

Le 10 janvier, M. Chaix fit afficher, aux mairies et aux portes des principaux postes, 200 nouvelles affiches, en même temps qu'il envoyait 5,000 nouvelles cartes à l'état-major général de la garde nationale.

IX

A VAILLANTS CŒURS RIEN IMPOSSIBLE

Vers la fin du mois d'octobre, M. Chaix ayant appris que le bataillon des gardes mobiles de l'Indre, ses compatriotes, était caserné à Paris (caserne Napoléon, derrière l'Hôtel de ville), se mit à la disposition de son commandant, M. Dauvergne, pour fournir dans la mesure de ses moyens et, au besoin, avec l'aide d'autres personnes originaires du Berry, aux jeunes combattants de l'Indre, les objets qui pourraient leur manquer. M. Dauvergne, militaire accompli, remercia M. Chaix et répondit que son bataillon avait tout ce qu'il lui fallait.

M. Chaix eut un instant l'idée de s'unir avec quelques-uns de ses compatriotes du Berry pour offrir un drapeau aux gardes mobiles de l'Indre. Mais aucun des bataillons de Mobiles ne devait avoir de drapeau. M. Chaix fit alors imprimer à leur intention un papier à lettre pour ballon-poste, avec la devise héroïque de leur illustre compatriote Jacques Cœur : « *A vaillants cœurs rien impossible* », et jusqu'au dernier jour du siége la plupart des gardes mobiles du bataillon de l'Indre se servirent de ce papier pour leur correspondance.

X

TOUT POUR LA PATRIE!

Afin qu'au milieu des circonstances douloureuses de cette époque, le but dominant vers lequel devaient tendre les efforts de tous fût toujours présent à l'esprit du personnel de la Maison, M. Chaix fit imprimer sur le papier à lettre qui, à partir du mois de septembre, devait servir à sa correspondance et à celle des principaux employés, la devise : « *Tout pour la Patrie!* »

XI

NOUVEAUX ENGINS DE GUERRE

APPEL AU GÉNIE FRANÇAIS

Le 28 novembre, la Maison imprimait, répandait, et priait les journaux d'insérer ce qui suit :

Le vif élan patriotique qui se produit actuellement en France nous prouve que la guerre peut se prolonger au delà de toutes les prévisions.

En effet, de toutes parts, nos armées marchent au combat. — Si elles sont habilement conduites, elles pourront tenir l'ennemi en échec et donner le temps à de nouvelles levées de s'exercer et d'entrer en ligne à leur tour.

Nos troupes, il est vrai, ne sont pas aguerries, nous pourrons avoir encore à essuyer des revers! — Mais, quels que puissent être ces revers, ils n'abattront pas l'élan national, et la lutte se prolongera aussi longtemps que l'étranger foulera le sol sacré de la Patrie.

Aussi, à ceux qui s'occupent de cette guerre de l'avenir, à ceux qui croient qu'elle doit être faite à l'aide de procédés nouveaux, ne disons pas : c'est inutile, il est trop tard!

Non, cent fois non! — Il faut, au contraire, aider les hommes de cœur et d'initiative qu'anime une vive ardeur patriotique, il faut les encourager, car notre espérance est en eux, il faut enfin surexciter le génie français!

L'armée prussienne, par son organisation et son expérience, est formidable. A cette armée aguerrie, pourvue d'un matériel immense qu'elle est habile à manœuvrer et avec lequel elle a créé une tactique nouvelle, opposons des engins nouveaux qui changent les conditions actuelles de la lutte.

Nous rétablirons ainsi l'équilibre.

A l'œuvre donc, ingénieurs français, à l'œuvre, chercheurs persévérants qui personnifiez le génie de la France. — Surexcitez vos esprits, travaillez, prenez une initiative que personne n'osera entraver désormais.

Paris peut être pris par la mitraille ou par la famine; — mais, dans ce cas improbable, la guerre serait-elle finie? — Ne se rallumerait-elle pas, plus vive et plus acharnée que jamais! — Nos frères des départements n'auront-ils pas hâte de nous venger? — Mais il leur faut les moyens, et ces moyens, ingénieurs, inventeurs trop longtemps méconnus, il les attendent de vous, pour accourir à notre secours, ou pour résister eux-mêmes, si nous devons être trop tôt vaincus!

Mais soyez prudents. Quand le temps sera venu, envoyez secrètement dans nos établissements du Midi, les plans des machines que vous auriez inventées, afin que nos frères en fabriquent de semblables. — Prenez surtout vos dispositions pour que l'étranger, saisissant ces procédés, ne puisse les employer contre nous-mêmes.

Travaillez, — travaillez donc sans relâche! — ne croyez jamais qu'il est trop tard! — Il ne faut pas que la Patrie voie plus longtemps ses villes détruites, ses campagnes ravagées et arrosées du sang de ses enfants. Rappelez-vous de la Pologne!!!

Travaillez donc et ayez foi!

Pour nous, qui n'avons jamais douté que notre salut fût dans vos mains, nous vous répétons encore en terminant: à l'œuvre, à l'œuvre, ingénieurs français, c'est de vous que nous attendons la délivrance!

Nous ne rappelons pas sans émotion la touchante lettre par laquelle l'un des plus distingués de nos ingénieurs des arts et manufactures, M. Émile Muller, répondait à la communication qui lui avait été faite d'une épreuve de cette publication :

« Disons, nous écrivait-il, disons que nous regarderons comme traîtres à la Patrie ceux-là qui auront sacrifié à la gloriole d'annoncer une nouvelle, le salut de la France. Éloignons-nous d'eux, consignons-les à nos portes. Que *tous nos actes* reflètent la pensée qui doit envahir et seule occuper nos âmes : *Sauver la France*... Ranimons les faibles, réchauffons les tièdes et montrons au monde que la France, la vraie France, celle qui travaille et qui pense, est toujours digne du premier rang... Donc tous sur la brèche, qui avec sa plume, qui avec sa parole, qui avec son épée, qui avec son génie, et nous sauverons la France. »

Un autre de nos savants ingénieurs faisait part à M. Chaix de son appréciation en ces termes :

« Tout cela est très bon et doit surexciter les esprits. Témoin de bien des efforts pratiques, je ne crois pas au succès immédiat; mais, comme vous, je pense qu'il faut voir plus loin. Toute production dans cette voie sera utile et vous rendrez service. »

Le 8 décembre, un second appel sortait des presses de la Maison : il était conçu en ces termes :

LA QUESTION DES ABRIS ET LA TACTIQUE NOUVELLE

L'appel que nous avons adressé au génie français a été entendu.

Parmi les inventeurs trop promptement éconduits, quelques-uns ont trouvé dans cet appel un stimulant nouveau; ils ont repris courage pour réagir contre l'indifférence qui avait accueilli leurs premières tentatives.

Mais ils se demandent encore si leurs travaux ne subiront pas le même sort, et si l'on ne se bornera pas, comme on l'a fait jusqu'ici, à leur répondre que leurs projets sont soumis au comité compétent, c'est-à-dire voués à l'oubli.

Ne serait-ce pas là, en effet, que résiderait la véritable difficulté.

Nous savons tous ce que sont les comités : on y rencontre des idées arrêtées, des théories souvent exclusives; on s'y choque à des amours-propres, et surtout à des intérêts! Chaque question n'arrivant qu'à son tour, la plus importante, souvent, est étudiée la dernière. — Est-ce donc à ces comités qu'il convient, dans les circonstances présentes, de soumettre les projets nouveaux, quand un seul de ces projets, le plus simple peut-être, contribuerait à nous délivrer de l'invasion teutonique! — Ne serait-il pas préférable de renoncer aux anciens errements, et de confier l'étude de ces travaux urgents à des hommes pratiques, dégagés de tout lien, de tout préjugé, et convaincus qu'il importe d'agir sans retard.

Quels que soient les juges appelés à se prononcer sur la valeur des inventions nouvelles, répétons encore que l'on s'est trop appliqué à imiter les engins de destruction de la Prusse, au lieu de rechercher les moyens tout différents et de créer une tactique nouvelle. Il faut enfin sortir de cette ornière.

Parmi ces moyens, un de ceux qu'il faut trouver à tout prix, c'est celui des abris.

Avant l'invention de la poudre, lorsque les armes offensives ont reçu le plus de perfectionnement, les armes défensives ont été, chez tous les peuples, perfectionnées à leur tour; les armures que nous admirons aujourd'hui dans nos musées en sont un témoignage.

De nos jours, la Prusse se voyant, à juste titre, hélas! la nation la plus avancée dans la science militaire et en possession des meilleures armes, n'avait pas eu à se préoccuper de cette question qui, au contraire, s'impose sérieusement à la France; aussi, c'est dans un délai très bref qu'il faut la résoudre, car de sa solution rapide dépend le salut de notre Patrie.

Il nous semble donc que c'est sur cette recherche que le Gouvernement de la Défense nationale doit appeler immédiatement l'attention des inventeurs en mettant d'une façon bien nette et bien déterminée cette étude au concours :

Abris contre l'infanterie;
Abris contre l'artillerie;
Et en conséquence, stratégie nouvelle.

Quand la question aura ainsi été posée de manière à faire comprendre qu'on en veut la solution, une idée ne tardera pas à surgir, et avant la fin de l'année, peut-être, une application heureuse sera victorieusement opérée.

A l'œuvre donc! et surtout rappelons-nous que s'il nous faut l'activité, il nous faut aussi la prudence et le secret.

Nous ne rappellerons pas ici tout ce qui, à notre connaissance, s'est dépensé d'efforts dans cette voie, les études relatives à des appareils destinés à préserver les hommes et les chevaux, à des engins d'attaque et de défense, et les propositions faites aux ministères, aux généraux, aux sociétés savantes, etc.

Nous mentionnerons seulement la proposition suivante, faite aux principaux généraux de l'armée de Paris par un vieil employé de M. Chaix, homme modeste autant que dévoué, qui s'est éteint depuis, après avoir consacré, pendant de nombreuses années, des soins exceptionnels à l'enfance ouvrière de la Maison :

« Paris, le 27 décembre 1870.

Monsieur le Général,

Lorsque fut faite l'application de la première machine à vapeur, on chargea un enfant d'ouvrir et de fermer alternativement les robinets d'entrée et de sortie de la vapeur. Cet enfant disposa ingénieusement des ficelles qui firent fonctionner automatiquement l'appareil.

Je ne suis pas militaire, mais il me semble que si l'on disposait de même, en avant de nos lignes de grand'gardes, des fils de fer attachés à des chassepots ou à des boîtes d'artifice, nous pourrions être avertis à temps de l'approche de l'ennemi.

Cette précaution me semble d'autant plus indispensable que souvent, par une nuit sombre, nos grand'gardes sont surprises sans avoir eu le temps de tirer un coup de fusil.

Recevez, Monsieur le Général, etc.

L. M.

XII

L'ALIMENTATION

Le 16 novembre, M. Chaix écrivait à M. le Ministre de l'Agriculture et du Commerce la lettre dont les termes sont reproduits ci-après :

Monsieur le Ministre,

Avant que l'approvisionnement de la viande de boucherie ne soit complètement épuisé, permettez-moi d'appeler votre attention sur la nécessité de conserver pour les femmes et les enfants toute la viande fraîche que nous avons encore à Paris.

Ce qui nous coûtera le plus, assurément, pendant la prolongation du siège, ce sera l'impossibilité dans laquelle nous nous trouverons de donner aux enfants, aux femmes et aux malades la nourriture en viande fraîche qui leur sera nécessaire. Il y aurait donc opportunité de réserver entièrement, dès aujourd'hui, tous les animaux de boucherie provenant de la réquisition qui vient d'être opérée. Personne, assurément, ne se plaindrait de cette mesure.

Dès le lendemain, M. Chaix recevait la réponse suivante :

Monsieur,

Vos préoccupations décèlent des sentiments d'humanité auxquels je suis heureux de rendre hommage. J'ai songé comme vous à la nécessité de réserver aux malades et aux vieillards la quantité de viande fraîche qui leur est plus nécessaire qu'aux citoyens valides. Vous pouvez être assuré que les mesures utiles ont été prises à ce sujet.

Recevez, etc.

Pour le Ministre du Commerce,

Signé : H. Lamy.

Au commencement de décembre, parut dans le journal *le Français* une lettre qui appelait l'attention publique sur la situation des petits enfants privés de leur nourriture essentielle, le lait. Cet appel, d'une éloquence touchante, était de nature à émouvoir profondément les âmes. M. Chaix le fit aussitôt imprimer et répandre. Nous le reproduisons ci-après, comme une noble et généreuse pensée :

« DU LAIT, DU LAIT, POUR LES PETITS ENFANTS!

» Le journal *le Français* vient de recevoir la lettre suivante, sur laquelle nous croyons devoir appeler l'attention des gens de cœur et des autorités municipales :

Monsieur le Rédacteur en chef,

Je vous demande l'hospitalité de vos colonnes pour une question de la dernière importance.

Nous avons tous rencontrés par les rues de pauvres petits portés sur les bras de leur mère ou de leur sœur. Ils ne sont pas seulement pâles, ils sont livides, d'une lividité verdâtre. Ce n'est point le sommeil bienfaisant et réparateur qui étend sur leur paupière un voile de plomb, c'est l'accablement, et on sent que les ailes de l'âme angélique se sont comme brisées dans ce corps endolori.

Ces enfants sont entrés plus ou moins profondément dans l'agonie de la faim. Que voulez-vous? Les hommes qui se rationnent si prudemment à un gramme près le bœuf, le mouton et le cheval, ont oublié ceux qui ne peuvent rationner la seule chose dont ils puissent vivre: le lait!

Les cuisinières, les portières, les gens à habitudes, femmes et hommes, qui ne sauraient se passer le matin de leur café au lait, mangent la part du bébé, l'affament, le réduisent à *l'eau gommée et à la soupe*, c'est-à-dire à l'étisie et à l'empoisonnement; il n' reste plus au pauvre innocent qu'une chose à faire. — à mourir!

Aussi meurent-ils! Dès le commencement du siège, le lait abondait sur certains points, il manquait absolument sur d'autres. Il aurait été facile alors d'aviser à une répartition au moyen des crémeries établies partout, comme on répartissait la viande au moyen d'étaux de boucher. Nous l'avons proposé sans pouvoir nous faire écouter : on s'est borné à faire appel au *sentiment*, à la compassion. Allez donc parler sentiment à l'esclave de son ventre! Le café au lait est, pour certaines gens, un culte, et ils y sacrifieraient des victimes humaines.

Je me rappelai, en voyant ce matin une de nos gourmandes impitoyables savourer son déjeuner habituel, les vers de Victor Hugo, qui sont ici d'un à-propos et d'une exactitude effroyables!

. . . .

Chacune, en souriant, dans ses belles dents blanches,
Mange un enfant vivant.

Le nombre des vaches diminuant chaque jour, la quantité du lait se trouve réduite d'autant. En supposant qu'il y en eût assez pour le superflu, il en reste à peine aujourd'hui pour le nécessaire, pour la nourriture des enfants. Ne va-t-on pas enfin en réglementer la répartition et la distribution?

On s'est beaucoup occupé de la nourriture des hommes : est-ce parce que la faim les rend redoutables? Est-ce parce que les petits enfants meurent sans se défendre et presque sans se plaindre, qu'on refusera de pourvoir à leur alimentation, qu'on laissera impunément gaspiller l'aliment ***unique spécial*** qui leur convient?

Qu'on y prenne garde! La prolongation d'un tel état de choses n'atteindrait pas seulement ceux qui meurent; il atteindrait, dans le principe de leur force et de leur constitution, ceux qui doivent vivre; il les condamnerait à traîner une existence misérable, douloureuse et débile; il leur laisserait comme un stigmate de faiblesse, qui fera dire d'un pauvre hère caduc et courbé avant l'âge: il date du siège de Paris.

Y a-t-il un moyen d'arrêter une mortalité qui, de ce côté, prend des proportions effrayantes? Le lait manque-t-il? Non, le lait ne manque pas. Oui, on peut diminuer, arrêter l'élévation du chiffre de la mortalité.

Puisque le Gouvernement a réquisitionné les vaches, il dispose du lait. Qu'il le partage entre les vingt arrondissements de Paris, proportionnellement à la population d'enfants en bas âge, condamnés à recourir à l'allaitement artificiel que chacun d'eux renferme. Les maires donneront approximativement le chiffre de cette population.

Un comité, institué dans chaque arrondissement, fera faire la distribution du lait dans les salles d'asile et les crèches de l'arrondissement, de neuf heures à midi, à toutes les personnes qui se présenteront avec un certificat du médecin visé par le comité, affectant une quantité déterminée à la nourriture de petits enfants ou de malades. Le lait serait expédié par bouteilles cachetées des lieux mêmes d'émission. A partir de midi, on vendra le reste aux individus non munis de certificats, c'est-à-dire à tout le monde. Voilà ce qu'il est urgent de faire au plus vite.

Le Ministre de l'Agriculture et du Commerce va, dit-on, distribuer 60 litres par arrondissement. Pourquoi cette égalité de part pour des besoins inégaux? Pourquoi 60 litres? C'EST TOUT LE LAIT, PAS UNE GOUTTE EXCEPTÉE, QU'IL FAUT RÉSERVER EXCLUSIVEMENT AUX ENFANTS, AUX MALADES ET AUX CONVALESCENTS. Et n'alléguez pas la difficulté d'une équitable répartition.

Le jour où votre attention se portera sur ce point, tous les obstacles seront vite aplanis. Vous n'aurez pas seulement fait une bonne action, vous aurez fait, dans l'intérêt social, une bonne affaire.

Lorsqu'on voit ces pauvres petits êtres si charmants et si aimables, qu'on songe à tout ce que la vie, même la plus calme, leur réserve de fatigues et de déceptions, certes, on s'endurcit à la pensée de la mort qui va venir peut-être éteindre cette grâce naissante, transformer en convulsions ce sourire radieux et jeter la vitreuse immobilité de l'émail dans cet œil profond et doux.

D'où vient donc, cependant, que nous nous efforçons de défendre l'enfance du froid, de la faim et de la mort, malgré notre triste expérience de la vie? Cela vient d'un sentiment qui est à la fois de la compassion et de l'héroïsme. Cet enfant, après tout, il ne m'appartient pas; il ne s'appartient pas; il appartient à l'humanité. Tout en lui a la grandeur du mystère, l'étendue immense et vague de l'inconnu. Et l'enfant ne fût-il que l'espérance et le gage d'un avenir meilleur, il faudrait l'entourer de toutes les sollicitudes maternelles de la société. Il ne peut se protéger, protégeons-le; il ne peut réclamer sa portion d'aliments dans une ville assiégée, veillons à ce qu'elle lui soit réservée.

A qui fera-t-on croire qu'il soit impossible de rationner le lait, quand on a rationné la viande? C'est bien de songer à ménager un jour à ces petits que les mères gardent au logis, pendant que les pères vont combattre, mourir peut-être pour la Patrie, les ressources de l'instruction, à leur réserver un rang dans les écoles publiques de tous les degrés, MAIS COMMENÇONS PAR LEUR FAIRE PLACE AU BANQUET, COMMENÇONS PAR LES EMPÊCHER DE MOURIR, DE MOURIR DE FAIM.

DURBAN.

» Les municipalités, avec le concours des chefs de section du corps civique, pourraient, dans chaque arrondissement, prendre l'initiative de l'exécution de cette mesure.

» 8 décembre 1870. »

Peu de temps auparavant, M. Chaix avait communiqué à l'un des hauts fonctionnaires du Ministère du Commerce les réflexions suivantes :

« Il serait très important de faire en sorte que le pain ne puisse se conserver plus de deux à trois jours, et d'en prévenir les habitants, afin d'éviter les accaparements. Il est à remarquer, d'ailleurs, que le pain, tel qu'il est fabriqué actuellement, à Paris, remplit déjà en partie cette condition. On sait qu'au bout de quelques jours il sûrit légèrement.

» Le Gouvernement de la Défense nationale pourrait peut-être faire exception pour le pain destiné à la troupe; mais il semble indispensable que celui qui doit servir à l'alimentation des habitants présente des conditions telles qu'il ne soit pas possible de l'emmagasiner.

» Nous ferons remarquer aussi que la consommation du pain rassis est moindre que celle du pain du jour. Ne pourrait-on obliger les boulangers, et ceux qui vont être appelés désormais à fabriquer du pain, à ne délivrer aux habitants de Paris, à moins d'une autorisation du maire, que du pain de la veille.

» Quelles démarches faudrait-il faire pour provoquer l'exécution immédiate d'une semblable mesure à laquelle on sera certainement obligé de recourir lorsque les approvisionnements en farine commenceront à s'épuiser. »

La réponse que M. Chaix reçut du Ministère était ainsi conçue :

J'ai parlé à M. le Ministre du Commerce de l'idée de M. Chaix de distribuer du pain rassis. Elle va être appliquée. Remerciez-le de ma part.

Comme complément de ce qui précède, nous reproduisons ci-dessous un projet d'affiche que la Maison avait préparé pour être soumis aux municipalités au moment du rationnement du pain, et qui fut envoyé aux maires et aux membres du Gouvernement le 14 janvier 1871.

Pendant quelques jours, nous croyons devoir rationner le pain; non pas que la farine manque, au contraire, le service de la municipalité est assuré pour longtemps encore ; mais il est des personnes qui, prises d'une appréhension que rien ne justifie, et se faisant ainsi, à leur insu, les agents de nos barbares envahisseurs, s'approvisionnent de pain malgré la défense qui en a été faite.

Ainsi, on pourrait citer telle famille qui, il y a quelques jours, a pris quatre fois plus de pain que sa quantité habituelle, et pourtant l'administration a eu soin de prévenir que la fabrication actuelle du pain ne permettait pas de le conserver plus de quarante-huit heures, sous peine de ne plus être bon pour l'alimentation.

La municipalité fait donc appel au bon sens de la population pour qu'elle ne prenne le pain chez le boulanger qu'à mesure de ses besoins, c'est-à-dire au jour le jour.

Le corps des vétérans et celui des gardes civiques sont invités, dans chaque arrondissement, à surveiller, plus spécialement encore que par le passé, le service des boulangeries, et à signaler les faits qui leur sembleraient répréhensibles.

XIII

LE FROID !

Dès le commencement d'octobre, M. Chaix avait appelé l'attention du Gouvernement de la Défense nationale sur la nécessité de faire distribuer des ceintures de flanelle à ceux des gardes nationaux qui n'avaient pas les moyens de s'en procurer.

A cette époque, il fit publier par plusieurs journaux l'avis suivant :

Dans sa séance du 6 octobre, le Conseil d'administration du Cercle de la Librairie a voté une somme de 300 francs, pour achat de ceintures de flanelle aux employés de la Librairie et de l'Imprimerie, de service aux remparts.

On peut se faire inscrire dès aujourd'hui, au siège du Cercle, rue Bonaparte, n° 1, ou chez l'un des membres du Conseil d'administration.

Le 2 décembre, il écrivait aux maires de Paris la lettre que nous reproduisons ci-après :

Nos combattants ont froid ! Dans les campements, dans les forts, partout ils trouvent ce nouvel et terrible adversaire !

C'est à nous de leur venir en aide : que chacun se contente d'une seule couverture et de quelques vêtements, pour qu'ils soient préservés.

Prenez dans votre arrondissement l'initiative d'une réquisition de toutes les couvertures qui ne sont pas indispensables. On en distribuera d'abord aux combattants qui en manquent; le reste sera réservé pour les malheureux qui souffrent du froid dans leurs logements sans feu.

Un pareil arrêté serait approuvé par tout le monde, car chacun sait que l'heure est venue de tout sacrifier à la défense de la Patrie !

L'attention de M. Jules Ferry, délégué du Gouvernement de la Défense nationale, fut également appelée, le 5 décembre, sur la nécessité de réquisitionner les couvertures, dans l'intérêt de la santé des combattants.

« La réquisition des couvertures, disait M. Chaix, pourrait être faite d'abord dans les logements des personnes qui ont quitté Paris, puis dans les familles qui n'auraient pas pu recueillir de blessés.

» Tout le monde applaudirait à cette mesure dont l'exécution pourrait être confiée, dans chaque arrondissement, au corps civique... »

(M. Chaix s'était empressé d'envoyer à la mairie du IXe arrondissement toutes les couvertures et tous les vêtements qui ne lui étaient pas indispensables.)

Une autre question était de nature à éveiller à cette époque de graves préoccupations, c'était celle du campement des troupes.

Nous trouvons l'expression de ces préoccupations dans la lettre suivante, adressée par M. Chaix, le 15 novembre, à M. le Ministre de l'Agriculture et du Commerce :

Monsieur le Ministre,

On trouve généralement que les campements de nos gardes mobiles et d'une partie de nos troupes laissent beaucoup à désirer.

N'y aurait-il pas lieu, Monsieur le Ministre, de faire réquisition d'un certain nombre de matelas dans tous les appartements abandonnés dans Paris, pour les mettre, dans les baraques et les maisons occupées de la banlieue, à la disposition de nos jeunes soldats qui souffrent?

Ces matelas, auxquels il suffirait de donner un numéro matricule, pourraient être rendus plus tard à leurs propriétaires, qui seraient certainement loin de se plaindre de cette mesure.

Veuillez remarquer, Monsieur le Ministre, que ces matelas, dussent-ils n'être utilisés que pendant quelques jours, suffiraient pour reposer convenablement nos soldats et les rendre aptes aux fatigues des opérations militaires qu'ils auront à entreprendre.

Le maire de chaque arrondissement, avec l'aide des citoyens de la garde civique, pourrait être chargé de cette réquisition dont l'exécution demanderait fort peu de temps.

Au moment des grands froids, M. Chaix avait remarqué les longues files de femmes et d'enfants qui, transis et grelottants, faisaient queue aux portes des boucheries. Ému de ce spectacle, il eut la pensée que l'on pourrait faire le service de la distribution de la viande de boucherie dans les églises qui, à ce moment, étaient encore chauffées, en isolant l'un des bas côtés au moyen d'une cloison en planches ou même d'une simple toile.

Le 22 novembre, M. Chaix se rendit à l'archevêché; il vit Mgr Darboy, et lui fit part de son projet : en prenant cette mesure, dit-il, l'administration épiscopale rendrait un grand service à la population parisienne, qui applaudirait à une telle initiative. On ne peut prévoir, ajouta M. Chaix, ce que l'avenir du siège nous réserve. Qui sait si, dans un moment de grande misère ou d'affolement, quelques hommes égarés ne s'en prendront pas aux membres les plus respectés du clergé?

— « En ce qui me touche personnellement, répondit l'éminent prélat, je ne redoute rien. Si l'on vient ici, je parlerai à ceux qui se présenteront. En faisant appel aux bons sentiments, on a facilement raison des cœurs généreux. Et d'ailleurs, que pourrait-on me prendre? Les meubles que vous voyez ne m'appartiennent pas; je ne possède que les livres contenus dans cette bibliothèque... Quoi qu'il en soit, je suis tout à fait disposé à donner suite à votre idée, si cela est possible; je dois réunir mes curés dans quelques jours, je la leur soumettrai, en l'appuyant de toute ma sympathie. » — M. Chaix n'entendit plus parler de cette proposition.

XIV

LES BOISSONS ALCOOLIQUES

Le froid n'était pas le seul élément qui fût venu entraver les efforts de la défense nationale, celle-ci avait à lutter aussi contre les ravages des boissons alcooliques.

Le 18 novembre, M. Chaix appelait, en ces termes, l'attention de M. le Ministre de l'Agriculture et du Commerce sur l'abus des boissons alcooliques.

Vous avez bien voulu, Monsieur le Ministre, accueillir la communication que j'ai eu l'honneur de vous faire relativement à la viande de boucherie à réserver aux enfants et aux malades. Permettez-moi aujourd'hui de vous signaler le déplorable abus qui se fait des boissons alcooliques dans les rangs de la garde nationale.

La Gazette des Tribunaux donne chaque jour de tristes détails à ce sujet. Et veuillez remarquer, Monsieur le Ministre, qu'on ne porte devant les conseils de guerre qu'une bien faible partie des délits qui se produisent.

Il ne m'appartient pas d'exposer ici certains faits navrants dont nous sommes journellement témoins; mais vous ne pouvez ignorer que notre manque de force vient en partie de l'indiscipline et du désordre causés par ce déplorable abus . . . .

. . . .

Ne jugeriez-vous pas utile, Monsieur le Ministre, de faire opérer la réquisition des liqueurs fortes, ou tout au moins de procéder à la suppression progressive des débits, afin de faire disparaître les causes de démoralisation parmi ceux qui se préparent à verser leur sang pour la Patrie.

Vous rendriez ainsi, Monsieur le Ministre, à la défense nationale un service qui lui vaudrait plusieurs victoires.

XV

LA DISCIPLINE DE LA GARDE NATIONALE

Cette grave question de la discipline occupait beaucoup les esprits. Il importait au plus haut degré de soumettre la garde nationale à des règlements appropriés à son importante mission.

Le 1er janvier 1871, sortit des presses de la Maison la publication reproduite ci-après :

Les décrets qui ont successivement prononcé la dissolution de plusieurs bataillons de la garde nationale ont vivement ému l'opinion; bien que diversement commentés, ils ont provoqué l'expression d'un sentiment unanime, celui de la nécessité de soumettre enfin la garde nationale à une discipline sérieuse, et cette nécessité est devenue d'autant plus urgente, que ce corps va être appelé à prendre une part plus active à l'effort suprême qui doit nous délivrer.

Le Gouvernement de la Défense nationale sait que la population, tout en rendant justice à son patriotisme, serait disposée à lui reprocher de montrer, en certain cas, de l'hésitation et de la faiblesse; qu'il réponde à ce reproche, en ce qui concerne la garde nationale, par l'énergie et la sévérité que commande la situation.

Ainsi on s'est demandé, à propos de la commutation des peines prononcées par les conseils de guerre, si le moment était bien choisi pour faire l'essai de certaines théories sur le droit de punir, très généreuses sans doute, mais dont l'évidence n'apparaît pas encore aux yeux de tous, et dont l'application ne peut, en tout cas, être tentée que dans une société en parfait état de fonctionnement; on s'est demandé également si la dissolution et le désarmement auxquels on a eu recours, loin d'être une peine pour les hommes peu patriotes qu'il s'agissait de frapper, n'étaient pas en réalité un honteux encouragement.

Quant à ces négligences si nombreuses dans le service intérieur des compagnies, quant à ces fautes qui semblent légères et auxquelles on ajoute imprudemment trop peu d'importance, elles échappent pour la plupart à toute répression.

Ainsi, l'on s'étonne de voir l'ivrognerie tolérée avec autant de faiblesse; — on ne s'explique pas qu'un si grand nombre de personnes puissent se soustraire impunément au service, soit faute de figurer sur les cadres d'une compagnie, soit en manquant aux exercices, aux gardes, aux factions, aux corvées, etc. Et cette impunité générale, notoire, énerve le patriotisme, provoque à la fois le mécontentement et le découragement chez les hommes animés du désir de remplir sérieusement leur devoir. C'est ainsi que peu à peu le mal se propage par l'exemple et que bientôt il deviendrait incurable.

Quelques efforts, il est vrai, ont été faits dans certaines compagnies pour réprimer ces abus. mais ce ne sont que des tentatives isolées, et par suite, stériles.

Tous les bons citoyens sont désormais d'accord à ce sujet : il faut qu'un recensement sérieux et complet permette de compter ceux qui ne font pas partie de la Garde nationale, et de les incorporer sans retard, soit volontairement, soit d'autorité, à moins d'excuse légitime! Si les armes manquent, ils apprendront les manœuvres et feront les corvées, ou bien on les formera en compagnies de brancardiers.

Il faut que ceux qui manquent aux exercices, aux gardes, aux factions, aux consignes, soient poursuivis sans merci.

Il faut surtout que ceux qui, dans le service, sont surpris en état d'ivresse, soient punis avec la dernière rigueur (1).

Nous ne demandons pas que la Garde nationale soit assujettie à des devoirs aussi pénibles que ceux qui sont imposés à l'armée, formée à la vie militaire. Non, que l'on mesure son service au rôle qu'elle doit remplir, à ses aptitudes, à ses forces. Mais que ce service une fois déterminé, on exige l'exécution avec fermeté et, au besoin, avec rigueur.

Le code militaire doit être, cela va sans dire, strictement appliqué à la Garde nationale en service devant l'ennemi. Mais ses prescriptions seraient sans doute excessives dans les cas ordinaires, et un règlement spécial nous paraît nécessaire.

Que ce règlement soit formulé promptement, qu'il soit clair, précis, le même pour tous les bataillons, qu'il rende impossible tout arbitraire, tout excès de faiblesse comme tout excès de sévérité.

Que la punition soit surtout infligée publiquement, car son but est, non seulement de réprimer la faute chez celui qui s'en est rendu coupable, mais encore de la prévenir chez celui qui serait tenté de la commettre.

Pendant que nos concitoyens, soldats, gardes mobiles, gardes nationaux mobilisés sont aux avant-postes, exposés aux coups de l'ennemi, aux privations, à la rigueur excessive du froid, nous serait-il possible de tolérer dans nos murs la négligence, la faiblesse, la lâcheté et la débauche? Non! En ce moment, quiconque n'est pas un brave est un ennemi. Il faut que ces faits, quelque rares qu'ils puissent être, soient flétris et leurs auteurs poursuivis sans pitié. Il le faut d'autant plus qu'aujourd'hui un nouvel ordre politique, — par cela même qu'il laisse plus de liberté à l'initiative individuelle, — rend indispensables la soumission à la règle et le respect de la loi.

F. D.

---

(1) Aux États-Unis, lors de la guerre de la Sécession, le gouvernement du Nord, avait décidé que tout soldat surpris en état d'ivresse serait puni de huit jours d'arrêts avec nourriture au pain et à l'eau, et que dans le cas de récidive, le coupable serait fusillé. Grâce à cette menace, l'ivrognerie, cependant si répandue à l'origine, disparut en très peu de temps, sans qu'aucun cas de récidive eût motivé la peine de mort. On sait, d'ailleurs, que c'est par une discipline, une constance, une fermeté inébranlables, que les fédéraux triomphèrent des sudistes, qui avaient pourtant, au début, tous les avantages.

XVI

L'UNIFORME POUR TOUS

Vers cette même époque, M. Chaix faisait publier dans les journaux imprimés par ses presses les réflexions suivantes :

Nous passions hier devant le Théâtre-Français au moment où une foule nombreuse se pressait pour assister à la conférence annoncée, et nous avons été surpris d'y trouver des hommes en habits bourgeois, soignés et gantés, conduisant, comme à une fête, des dames en toilette élégante.

Nous saisissons cette occasion pour dire hautement qu'il ne peut plus y avoir aujourd'hui qu'une manière de se vêtir : pour les hommes, l'uniforme; pour les femmes, une toilette simple et sévère, sans fleurs ni ornements.

Il faut qu'aucun habitant de Paris ne paraisse dans la rue sans porter sur lui la preuve de sa coopération à la défense du pays : les jeunes, avec la vareuse de garde national et le képi numéroté, — les plus anciens avec le costume des vétérans, — les médecins et les infirmiers avec la croix de Genève, les fonctionnaires qui sont dispensés du service militaire pour s'occuper d'autres travaux, avec un signe quelconque indiquant leurs attributions.

Ceux que l'on ne voit ni aux exercices, ni aux remparts, ni aux ambulances, ni dans les commissions scientifiques ou administratives seront ainsi reconnus et voués au mépris qu'ils méritent.

Il faut qu'il en soit de même en province, où déjà le Gouvernement a interdit le costume civil aux officiers de l'armée.

Plus d'habits bourgeois. Si le commandant en chef de la Garde nationale ne croit pas devoir l'exiger, que chacun, du moins, s'impose le devoir de ne sortir qu'en uniforme, afin que l'on ne voie dans la rue que des citoyens coopérant à la défense de la Patrie.

XVII

MANIFESTATION A LA STATUE DE STRASBOURG

Pendant l'émouvant siège de Strasbourg, il y eut de nombreuses manifestations sur la place de la Concorde, devant la statue de l'héroïque ville. M. Chaix voulut que ce mouvement de piété patriotique laissât dans l'âme des enfants de sa Maison un souvenir durable et salutaire. Le 20 septembre, tous les apprentis de l'Établissement furent réunis dans la cour. Après avoir écouté une harangue patriotique, ils partirent en rang, marchant au pas, et précédés d'une bannière portant pour inscription : « Hommage des enfants de la Typographie », qu'ils allèrent déposer au pied de la statue de Strasbourg. Ils se firent remarquer sur le parcours de la rue Bergère à la place de la Concorde par leur discipline et leur bonne tenue. Plusieurs journaux anglais ont rendu compte de cette manifestation.

Environ six semaines après, le 30 ou le 31 octobre, les jeunes gens de l'École professionnelle allaient porter à cette même statue une couronnes d'immortelles, entourée d'un crêpe, et le souvenir de cette touchante marque de sympathie était consigné au Livre d'Or de Strasbourg par l'inscription suivante :

« *Nous avons apporté la première bannière, celle des Enfants de la Typographie ; nous venons aujourd'hui déposer la dernière couronne.* »

Pendant les premiers temps du siège, la bannière des Enfants de la Typographie avait flotté sur le côté droit de la statue ; elle fut remplacée ensuite par une autre, qui, placée dans l'intérieur du monument, y demeura jusqu'au dernier jour. Que sont devenues ces reliques et l'énorme volume relatant les manifestations dont la ville de Strasbourg a été l'objet ? L'histoire nous l'apprendra plus tard, peut-être.

XVIII

L'ORGANISATION DU CORPS CIVIQUE

Dès l'investissement de la capitale, quelques citoyens eurent la pensée d'incorporer dans une milice spéciale, tous ceux que leur âge empêchait de prendre part au service actif et pénible de la Garde nationale de Paris. Ce projet patriotique fut accueilli dans toutes les mairies et dès lors fut formé le noyau du bataillon des Vétérans de la Garde nationale.

Convaincu que le corps des Vétérans pouvait, au milieu des douloureuses circonstances de cette époque, rendre de grands services, M. Chaix fit rédiger une note sur l'importance de le constituer fortement, note qu'il soumit à la municipalité et au Gouvernement de la Défense nationale. Elle était ainsi conçue :

Dans les circonstances douloureuses que nous traversons, il importe d'utiliser toutes les forces de la nation en faisant appel à tous les dévouements, à toutes les aptitudes.

Pendant que les hommes jeunes offrent à la Patrie le sacrifice de leur vie, il faut que les plus âgés lui apportent le tribut de leur sagesse et de leur expérience.

A côté de la Garde nationale, composée des citoyens en état de porter les armes, le corps civique comprendrait indistinctement tous ceux que leur âge ou un autre motif empêche de concourir activement à la défense, mais qui peuvent être utilement appelés aux services que comportent l'administration et le maintien du bon ordre intérieur.

Le corps civique, sorte de milice de la paix, serait, dans toutes les questions d'enquête, d'organisation, de surveillance, l'auxiliaire naturel de la municipalité et son intermédiaire auprès des citoyens; il créerait ces rapports empreints d'une mutuelle confiance que comporte le régime nouveau dans lequel l'autorité ne se place plus en dehors de ses administrés.

Recrutés dans toutes les classes sociales indistinctement, ses membres auraient tour à tour l'occasion de prendre part, dans une certaine mesure, à la gestion des affaires publiques, d'en comprendre les difficultés, d'en acquérir la pratique. — La classe des inutiles disparaîtrait par le développement naturel des initiatives et par la production des aptitudes si diverses qui sont nécessaires à l'administration d'une grande cité.

Grâce à ce contact permanent du riche et du pauvre, du producteur et du consommateur, du savant et de l'illettré, la fusion des idées et des principes, la communauté des intérêts, indispensables aujourd'hui, s'établiraient sans efforts.

Les chefs du corps civique, élus et fréquemment renouvelés, se mettraient en rapport avec tous les habitants de leur circonscription et les connaîtraient bientôt personnellement; — ils se feraient, auprès de la municipalité (qui ne serait plus, comme aujourd'hui, obsédée par des détails individuels), l'interprète des vues, des besoins, des plaintes de leurs concitoyens; — ces communications constantes les mettraient à même d'apprécier exactement l'opinion publique et d'en indiquer à l'autorité les tendances et les vœux.

Combien la tâche de la municipalité en deviendrait facile ! — Toutes ses mesures, basées sur cette enquête permanente des besoins, seraient dès lors appliquées sans froissements et sans réclamations.

Les fonctions très nombreuses et très importantes que le corps civique pourrait remplir en temps de paix ne sauraient être énumérées ici : il suffit d'indiquer quelques-uns des services qu'on serait fondé à en attendre dans les cruelles circonstances où nous nous trouvons :

Surveillance du service que rend nécessaire le danger d'incendie et du bombardement ;

Surveillance de la vente des denrées alimentaires, avec la mission expresse de rechercher les abus et les délits et d'en provoquer la répression ;

Exécution des réquisitions ordonnées par l'autorité : ce serait là, le cas échéant, une des plus importantes fonctions du corps civique. Il est possible que le Gouvernement, pressé par l'opinion, ordonne la réquisition générale de toutes les denrées, d'abord chez les marchands, ensuite chez les particuliers. Cette mesure, dont l'exécution exigera tant de prudence et de réserve, pourra-t-elle être appliquée plus équitablement que par les citoyens eux-mêmes, intéressés alors à en atténuer la rigueur pour la faire accepter sans troubles ?

Le corps civique ne prêterait-il pas de même un précieux concours dans l'action qu'il est devenu nécessaire d'entreprendre contre l'abus des boissons alcooliques, source de tant d'indiscipline et de tant de désordre ?

Cet aperçu suffira à faire ressortir l'importance et les avantages de cette organisation dont il serait honorable pour notre arrondissement de prendre l'initiative.

Il est intéressant de mentionner ici un remarquable projet d'organisation des vétérans de la Garde nationale, qui fut rédigé à cette époque par M. V. Degesne, vétéran du IIe arrondissement, et que la Maison s'empressa d'imprimer.

XIX

DERNIERS EFFORTS

Parmi les publications que la Maison fit paraître dans la dernière période du siège, nous citerons surtout les deux suivantes, parce qu'elles traduisent bien les poignantes préoccupations qui agitaient les esprits :

Si nous nous laissons aller à un désir immodéré de paix, les conditions qu'on nous imposera seront beaucoup plus dures.

Dans l'intérêt de la Patrie, pour notre propre sécurité, ne désarmons pas !

Déclarons hautement que si l'on nous impose un armistice, nous ne voulons pas subir une capitulation; pendant les trois semaines qui nous restent, préparons-nous à combattre encore, pour succomber, s'il le faut, avec gloire, autrement la reddition de Paris serait plus honteuse que celle de Sedan ou de Metz.

Continuons la fabrication de nos canons; mettons de nouvelles questions à l'étude, non pour défier nos ennemis, mais pour faire comprendre à nos concitoyens que nous n'abandonnons pas la défense, et nous obtiendrons au centuple le dédommagement de nos nouveaux efforts, soit par un accroissement de dignité, soit par des conditions de paix meilleures.

Mettons au concours, par exemple : La question du meilleur abri pour nous préserver des balles ennemies ; celle du meilleur équipement pour le soldat en campagne : la question de la meilleure organisation de cette Garde nationale qui s'indigne de n'avoir pas été utilisée ; celle du meilleur pansement sur le champ de bataille.

En outre, pour rentrer glorieux et triomphant dans son empire notre barbare vainqueur désire une apparence d'absolution de notre part pour les forfaits et les crimes qu'il a commis sur notre sol, pour les innocents égorgés, les femmes massacrées, les villes incendiées.

Tenons-nous donc bien en garde contre nous-mêmes, contre des sentiments que l'habileté de son ministre essaiera probablement de provoquer ; pour ne rien effacer de la honte qui le couvre, et ne pas diminuer notre force dans l'adversité, que notre haine et notre mépris ne se laissent pas toucher par son apparente modération.

L'HEURE DU PÉRIL SUPRÊME

L'heure de l'attaque de vive force, de la tentative d'assaut, l'heure enfin du péril suprême est-elle prévue ? — Sans doute, le plan d'action au point de vue militaire est préparé ; mais la population non armée est-elle prête pour l'éventualité d'une lutte à outrance ? Les chefs qui devront diriger ses efforts sont-ils désignés ? Le rôle des femmes, des enfants, des vieillards est-il tracé pour chaque quartier, pour chaque îlot, pour chaque maison ? Les armes sont-elles préparées dans les dépôts pour en être retirées au moment décisif ? Qui donnera le signal ? Tout enfin est-il organisé pour éviter l'affolement et le désordre que produirait le premier coup de feu tiré sur la population prise au dépourvu ?...

N'attendons pas la dernière heure, ne laissons aucune part à l'imprévu : que, dès aujourd'hui, chacun connaisse exactement son rôle et n'ait qu'à prendre sa place dans le rang au premier signal.

L'imprévoyance nous mettrait à la merci de notre cruel ennemi, tandis que, par l'organisation immédiate, la population acquerra la conscience de sa force et de son unité qui la rendra invincible.

XX

LA CÉCILIA

Napoléon-François La Cécilia, né à Tours en 1835, était entré à l'Imprimerie Chaix en qualité de correcteur, au mois de février 1870. Il s'y trouvait au moment de la déclaration de guerre. C'était un homme très instruit, connaissant la plupart des langues vivantes. Après avoir été successivement professeur de mathématiques, de géographie et de langues orientales, il avait fait partie, comme capitaine du génie, sous les ordres de Garibaldi, de l'expédition des *Mille*. Pendant le siège, il s'enrôla dans la légion des francs-tireurs Lipowski. La Maison l'équipa, et au mois de septembre, quelques jours après son mariage, il quitta Paris avec son bataillon pour opérer en province. On sait quelle part héroïque il prit à la défense de Châteaudun.

Nous reproduisons ci-après l'ordre du jour adressé par lui à ses francs-tireurs au mois de mars 1871, ainsi que le *fac-similé* des lettres qu'il écrivit à M. Chaix pendant la guerre.

FRANCS-TIREURS DE PARIS

Ordre du jour du 7 mars 1871.

CAMARADES,

La Paix, une Paix que nous ne voulons pas apprécier, a été conclue. Un décret du Gouvernement National nous ordonne de rentrer dans nos foyers.

Ce n'est pas sans un amer et cuisant regret, sans une douloureuse émotion, que je me sépare de vous, mes braves, mes vaillants Compagnons d'armes.

Soldats de la cause la plus belle, la plus noble, la plus sainte qui jamais arma le bras d'un citoyen, défenseurs de notre Indépendance et de la République — laissez-moi vous le dire en ce moment, Camarades — vous vous êtes montrés les dignes fils de nos pères de 93. Sublimes d'abnégation, de courage, de discipline, au milieu des plus cruelles privations, souffrant du froid, de la faim, de la fatigue, à peine vêtus, vous avez marché sans murmurer, vous avez combattu comme des lions : Ablis, Varize, Alençon sont autant d'étapes glorieuses sur le chemin sanglant que vous avez parcouru et à Châteaudun, à la pointe de vos baïonnettes, vous avez gravé dans l'airain une page qui restera immortelle dans l'histoire de la campagne de 1870.

Vaincus, vous ne l'avez jamais été : luttant presque toujours un contre dix et même un contre vingt, vous avez montré dans trente combats, ce que peut la bravoure, l'intelligence et le patriotisme des enfants de Paris.

Pour moi, je serai toujours fier d'avoir été votre chef, et dans mon humble, obscure et modeste carrière, je n'aurai jamais qu'un seul titre de gloire : celui d'avoir combattu à votre tête et d'avoir mérité votre estime et votre affection.

Rentrez donc dans vos foyers la tête haute, mes braves Camarades, rentrez-y avec le sentiment d'avoir accompli votre devoir jusqu'au bout. Alimentez dans votre cœur, comme un feu sacré, la haine de l'Allemagne et des Allemands, et gardez vos bras pour le jour de la vengeance qui arrivera, qui doit arriver.

Et dans ce jour, s'il me reste encore un souffle de vie, si une goutte de sang coule encore dans mes veines, alors je serai heureux de vous reconduire au combat, en poussant notre vieux cri de guerre :

Vive la République! Vive la Nation!

Le colonel Commandant :

LA CÉCILIA.

Saint-Hilaire-du-Harcouët.

Le Moret 14 septembre 70

Monsieur,

Hier matin 13 septembre me trouvant à Nangis, en reconnaissance avec 30 hommes, j'ai tendu une embuscade aux Uhlans prussiens et j'ai mis en fuite 50 de leurs en leur tuant un homme et blessant 2 chevaux.

J'ai été le premier de mon bataillon à étrenner l'ennemi.

Mille choses affectueuses à tous ces Messieurs et veuillez pour votre part agréer l'assurance de ma respectueuse considération.

Votre dévoué

[illegible]

Paris 29 10bre 1870

Monsieur

L'intérêt que vous portez à mon mari et les preuves de bontés que vous lui avez données au moment de son départ, m'engagent à vous faire part de la bonne nouvelle que j'ai reçue le 26.

Mon mari était à Vendôme le 14, il se portait bien et m'annonçait qu'il est passé chef de bataillon.

Je crois que le 1er bataillon des francs-tireurs de Paris doit être, à présent incorporé dans l'armée de la Loire.

Je n'avais pas de nouvelles depuis deux mois et vous comprenez dans quelle douloureuse anxiété je me trouvais !

Mon mari a fait un bon usage de l'arme que vous lui avez donnée pour la défense de la patrie et j'espère bien qu'il vous la rapportera après la juste vengeance que notre pays doit tirer de ses envahisseurs.

Agréez, Monsieur, l'expression de mes sentiments reconnaissants

Marie La Cécilia

FRANCS-TIREURS
DE
PARIS

Colonel : LA CECILIA

Dozulé 12 février 1871

Cher Monsieur Chaix,

Je profite du premier instant de répit pour vous donner de mes nouvelles et pour vous prier de me rendre un grand service.

Depuis le commencement de l'armistice et bien que je lui aie écrit lettre sur lettre, je n'ai pas reçu une seule ligne de ma pauvre femme et j'en suis au désespoir.

Veuillez être assez bon pour prier M. Vialet ou M. Desbois de vouloir bien se rendre chez moi, rue Houdon nº 4 et d'y prendre des informations. Je crains un malheur.

Le temps me manque pour vous raconter toutes les péripéties de la terrible campagne que nous avons faite ; mais voici un résumé de ma carrière : j'ai été nommé capitaine à

Pithiviers le 23 septembre après les
affaires de Nangis et de Rubelles,
chef de bataillon le 16 octobre
avec une mention honorable au
<u>Moniteur</u> pour être entré le premier
dans Ablis (9 octobre), à Châteaudun,
18 octobre, j'ai été porté pour la
croix ; le 15 décembre j'ai été promu
au grade de lieutenant-colonel pour
avoir assisté à la bataille de Coulmiers,
couvert notre arrière-garde à Varize
, 29 novembre ; et pris part aux sanglantes
journées de décembre ; enfin depuis
le 23 janvier je suis colonel pour
avoir, le 15 du même mois, dirigé
la défense d'Alençon.

Mille et mille affectueux
compliments à MM. Dubois, Violet,
Fleurant, Casimir, Maret, Hayadou,
Marchon, etc. etc. en un mot à tous
les bons amis que j'ai laissés là-bas.
Quand nous reverrons-nous ?

Quant à vous, Monsieur, c'est avec les sentiments de la plus vive amitié que je vous serre les deux mains et que j'ai l'honneur d'être

Votre dévoué

M. de Kéréliny

Colonel commandant par intérim la Brigade Lipowski
Dozulé (Calvados)

DEUXIÈME PARTIE

SECOURS AUX BLESSÉS

LE SIFFLET DE SECOURS

Le 19 janvier 1871, au combat de Montretout, un certain nombre de Gardes nationaux et de Gardes mobiles étaient munis du Sifflet de secours.

(Cte de BEAUFORT, *Questions philanthropiques.*)

SECOURS AUX BLESSÉS

I

SOUSCRIPTIONS

Au début de la guerre, la Société de secours aux blessés des armées de terre et de mer, dont le siège central était à l'Élysée, avait fait entendre l'appel éloquent que nous reproduisons ci-après :

Le but de la Société est de venir en aide, par des ambulances libres, aux ambulances militaires, et d'aller soigner les blessés sur les points les plus rapprochés du combat, afin d'en sauver le plus grand nombre possible.

Le concours de l'élite de la science nous est assuré par les engagements volontaires qui se font en ce moment; un comité médical préside à l'organisation du personnel des ambulances.

Bientôt nous serons prêts. Dans quelques jours, on verra fonctionner, nous osons l'espérer, l'organisation des nouvelles dispositions humanitaires introduites dans le droit des gens, et qui recevront aujourd'hui, pour la première fois dans notre armée, leur tutélaire application...

Que tous les citoyens s'unissent à nous, les uns par un concours actif et personnel, les autres par des dons, soit en argent, soit en nature. Que dans toutes les communes de France, les chefs-lieux de canton, les grandes villes et même les plus humbles villages, des comités s'organisent promptement et recueillent des souscriptions. Tous les dons, quels qu'ils soient, l'obole du pauvre comme la plus riche offrande, seront reçus avec une égale reconnaissance.

Le 9 août, 319 personnes de la Maison apportaient à cette œuvre leur offrande patriotique, s'élevant à la somme de 1,501 francs.

PRODUITS

DU TRONC POUR LES BLESSÉS

Journées des 10 & 11 Septembre. .	8 fr. 35 c.
Journées précédentes	942 35
Total à ce jour.	950 fr. 70 c.

II

TRONCS

Le 10 août, M. Chaix prenait l'initiative de faire confectionner un grand nombre de troncs destinés à être répartis dans Paris pour provoquer des offrandes en faveur des blessés. Ces troncs furent mis à la disposition de toutes les personnes recommandables qui se trouvaient en mesure de les placer d'une manière apparente. M. Chaix organisa dans son établissement un service spécial pour la centralisation des fonds et leur versement dans la caisse de la Société de secours aux blessés.

Chaque jour, une affiche indiquait les recettes de la veille ainsi que la situation des fonds recueillis. Ces chiffres étaient également publiés dans divers journaux : *la Gazette des Tribunaux*, *le Français*, etc.

La marche des événements ayant arrêté plus tard les dons en argent, M. Chaix ne put utiliser toutes les boîtes, et le 3 août 1871, il a offert à la Société de secours aux blessés les 235 troncs neufs qui lui restaient.

Le tronc placé à la porte de la Maison avait rapporté aux blessés, depuis le 10 août jusqu'au 30 septembre, la somme de 971 fr. 35 c.

III

LIVRES, JEUX, LINGE

Bientôt, la Maison ouvrit, rue Bergère, un vaste magasin, destiné à recevoir, indépendamment des offrandes en espèces, du linge pour les blessés, ainsi que des livres pour les blessés et les prisonniers. Avec l'autorisation de la Société de secours aux blessés, le drapeau de la Convention de Genève fut arboré au-dessus de la porte cochère (c'était *le premier* des drapeaux de l'œuvre qui allaient flotter sur les maisons particulières).

Un comité s'étant formé au cercle de la Librairie pour solliciter des dons de livres en faveur des blessés et des prisonniers, M. Chaix, dès le 22 août, fit imprimer et répandre une affiche ainsi conçue :

DONS DE LIVRES A NOS SOLDATS PRISONNIERS

La Librairie française se propose de faire parvenir des livres à nos soldats prisonniers.

Un comité s'est constitué, et le Cercle de la Librairie et de l'Imprimerie se charge de recueillir les dons provenant de l'initiative privée.

En conséquence, il est fait appel à toutes les personnes qui désirent s'associer à cet acte de sollicitude envers nos soldats.

On peut, dès à présent, déposer *ici* tous les ouvrages auxquels on voudrait donner cette destination patriotique.

Ces livres pourront porter les noms des donateurs.

22 août 1870.

Le 1er septembre, M. Chaix recevait l'intéressante lettre dont les termes sont reproduits ci-après :

Monsieur et cher Collègue,

Quoique vous soyez bien occupé, laissez-moi vous demander une *demi-heure* de votre temps pour organiser une grande œuvre. Il s'agit de recueillir des milliers de volumes, de les examiner et de les faire parvenir à nos blessés de Paris, dans les départements et jusqu'à l'étranger. De Bonn on nous en demande pour nos blessés prisonniers. J'ai proposé au Conseil de la Société de secours de charger de ce travail tout le Conseil de la Bibliothèque populaire du VIIIe arrondissement. Ma mère et les femmes de nos collègues s'adjoindront à nous. Venez, nous vous en prions, samedi 3, *à 1 heure 1/2 très précise*, palais de l'Industrie, porte I; à 2 heures vous serez libre.

Votre, etc.

Signé : Comte Sérurier.

Dès lors les affiches furent multipliées et on provoqua le concours de la presse. Aussi les livres ne tardèrent-ils pas à affluer au palais de l'Industrie. Le premier volume reçu rue Bergère portait l'inscription suivante :

Pauvre frère blessé, puisse l'ami que je t'envoie te faire penser à Dieu, te donner le courage et la résignation dont tu as besoin.

Dès le 15 septembre, la Maison faisait remettre à la Société de secours aux blessés, avec 62 paquets de linge, de charpie, etc. et 2 paires de béquilles, 1,064 livres et brochures.

Parmi les lettres que M. Chaix reçut à cette occasion, il en est une particulièrement touchante, qui mérite d'être reproduite :

> Je voudrais contribuer modestement à l'initiative généreuse que vous avez prise pour nos malheureux blessés prisonniers.
>
> J'ai l'honneur de vous envoyer *six volumes* que je crois instructifs et amusants, volumes qui ne sont pas neufs et qui m'ont été donnés par MM. les archevêques de Paris, à Saint-François-Xavier, où je suis depuis vingt ans.
>
> Je crois, Monsieur, que, malgré leur vétusté extérieure, la morale en est neuve, et que vous daignerez les accepter, m'en privant de bon cœur pour soulager nos malheureux compatriotes.
>
> Mon fils, matelot-fusilier, est en ce moment au bataillon de guerre au fort de Romainville; il est là au premier choc pour recevoir l'ennemi.
>
> Il peut, le pauvre garçon, se trouver dans cette position de blessé.
>
> Excusez, Monsieur et cher patron, cette digression, et daignez, etc.
>
> *Signé :* Hippolyte MILLET.
> (Service de la papeterie.)

L'empressement apporté à ces envois de livres a été bien traduit par l'article du journal que nous citons ci-après :

> L'appel fait par la Librairie française pour l'envoi de livres *à nos soldats prisonniers et à nos blessés* a trouvé de nombreux échos. Sans parler des éditeurs de Paris et de la province, le public met le plus grand empressement à donner à nos chers et malheureux compatriotes cette marque de sympathie.
>
> L'imprimerie de MM. Chaix et Cie est actuellement un centre où les livres affluent. Riche ou pauvre, chacun puise dans la bibliothèque : un banquier a donné 400 volumes; les ouvriers apportent les livres qu'eux ou leurs enfants ont reçus autrefois en prix : plusieurs accompagnent leur envoi de lettres touchantes.
>
> Ces exemples seront certainement bientôt suivis partout; car chacun aura à cœur de coopérer, dans la mesure de ses moyens, au soulagement de nos vaillants soldats.

Le 11 septembre, M. le comte Sérurier informait M. Chaix que les ambulances réclamaient avec instances des jeux de loto, de dominos, de dames, de cartes, etc. M. Chaix résolut aussitôt de donner tout son concours au nouveau service qu'il s'agissait de rendre à nos blessés. De grandes affiches furent imprimées et apposées dans les divers bureaux succursales de la Société de secours aux blessés, à l'Élysée et aux portes de l'Imprimerie.

L'avis ci-dessous fut envoyé à tous les cercles, aux cafés, aux restaurants, aux établissements publics :

MM. A. Chaix et Cie, rue Bergère 20, reçoivent tous jeux de *lotos, dames, échecs, cartes, dominos*, etc., neufs ou défraichis, pour être distribués dans les ambulances par les soins de la Société de secours aux blessés.

En dehors des *livres* qui sont déjà donnés sous le patronage de la Société de secours, ce sont les *jeux* que l'on réclame le plus vivement pour les blessés.

Le même avis fut inséré dans les journaux et répandu sous forme de bulletin par les marchandes de journaux, au nombre de 20,000.

Les résultats de ces mesures ne se firent pas attendre : de toutes parts on envoya des jeux aux ambulances et à l'Élysée.

Le 5 décembre, M. Chaix adressait au siège de la Société de secours aux blessés 469 jeux qu'il avait recueillis rue Bergère.

Le 24 décembre, nouvel envoi de 132 jeux, joints à 1,117 volumes et brochures et à 29 kilogrammes de linge, charpie, etc.

Le 5 février 1871, autre envoi de 132 jeux, de 42 volumes, d'un paquet de charpie et de bandes, de 13 coussinets pour le pansement de bras fracturés.

Le 27 décembre, M. Chaix écrivait aux maires de Paris la lettre suivante :

Monsieur le Maire,

A Londres et dans les autres grandes villes de l'Angleterre, les journaux qui ont été lus sont réunis pour être envoyés aux malades des hôpitaux. Ne pourrions-nous pas faire de même pour nos blessés des ambulances?

S'il vous convenait, Monsieur le Maire, de prendre l'initiative de cette mesure, en invitant chaque citoyen à faire remettre ses journaux, une fois lus, au poste ou au bureau de la garde civique le plus voisin, je prendrais volontiers à ma charge les affiches nécessaires à cet effet.

M. Alfred André, de la Société de secours aux blessés, répondait à ce sujet à M. Chaix :

Votre idée pour les journaux est très bonne, tellement que je la crois déjà réalisée en pratique par toutes les personnes qui s'occupent des ambulances. Mais nous avons sollicité et sollicitons encore tous les jours pour tant d'objets divers que nous ne voudrions pas réclamer encore l'intérêt du public pour un objet relativement peu important.

IV

LOTERIE INTERNATIONALE EN FAVEUR DES BLESSÉS

Au mois d'octobre 1870, la Société internationale de secours aux blessés des armées de terre et de mer avait été autorisée à établir, sous son patronage, une loterie au bénéfice des blessés sous le titre de *Loterie internationale*.

Pour la propagande de l'œuvre, la Société ouvrit dans Paris plusieurs bureaux succursales. Sur sa demande, M. Chaix s'empressa d'organiser à ses frais, dans sa Maison, un bureau, qui avait pour mission de recevoir les dons et offrandes, et de délivrer des billets de la loterie au prix de cinquante centimes l'un.

Ce bureau, installé dans le magasin donnant sur la rue Bergère, commença à fonctionner sous le titre de Bureau G, le 20 octobre. Deux employés de la Maison et un garçon de bureau furent préposés à ce service. Des affiches, apposées à l'extérieur, invitaient le public à concourir à l'œuvre.

M. Chaix offrit le premier don, consistant en une suspension de salon, qui fut enregistrée sous le n° 5001.

Le bureau G de la loterie internationale a fonctionné depuis le 20 octobre jusqu'au 5 mars : il a rapporté à l'œuvre 44 lots et 338 billets. — Les lots et les fonds recueillis ont été remis le 3 mars au préposé de la Société de secours aux blessés.

V

LETTRES

DE M. LE COMTE SÉRURIER ET DE M. LE COMTE DE FLAVIGNY

Le concours que M. Chaix a donné à la Société de secours aux blessés est reconnu dans les deux lettres reproduites ci-après, qui ont précédé l'envoi fait à M. Chaix de la Croix de bronze, décernée par la Société aux hommes qui se sont dévoués à son œuvre humanitaire.

Lettre de M. le Comte Sérurier, Vice-Président de la Société de secours aux blessés, Délégué de la Société près les Ministères de la Guerre et de la Marine, à M. Chaix.

Paris, le 25 novembre 1870.

Monsieur,

Le Conseil d'administration de la Société de secours aux blessés des armées de terre et de mer veut bien me charger de vous transmettre ses remerciements pour le concours aussi généreux que soutenu et cordial que vous lui avez prêté depuis le commencement de la guerre. Comme Monsieur votre père, dont le nom se rattache à de grandes œuvres d'utilité publique pour l'amélioration du sort des classes ouvrières, vous vous êtes voué avec une infatigable persévérance à tous les travaux qui concouraient au bien public. Le Conseil de la Société de secours apprécie hautement les services que vous rendez à nos blessés en recueillant des livres et des jeux destinés à nos hôpitaux et aux nombreuses ambulances municipales, militaires, de la presse, des sœurs de France, des particuliers, et à celles qu'il a organisées et qu'il dirige, pour accomplir la grande tâche.

Veuillez agréer, etc.

Signé : Comte Sérurier.

Lettre de M. le Comte de Flavigny à l'un des secrétaires de M. Chaix.

Paris, le 1er août 1871.

Monsieur,

Le concours infatigable de M. Chaix pendant toute la guerre a été bien précieux pour la Société de secours aux blessés. Sans entrer dans l'ensemble de toutes les preuves de dévouement qu'il nous a données, outre le bureau spécial installé par lui dans le vaste local de son imprimerie, et à l'aide duquel il a recueilli pour notre œuvre des dons de toute sorte : livres, jeux, linge, etc. nous lui devons de notables collectes en argent provenant de nombreux troncs qu'il avait, en divers lieux, établis.

Vous venez maintenant, Monsieur, nous offrir, de sa part, les *deux cent trente-cinq* troncs neufs qui vous restent, et vous nous demandez s'il nous serait agréable de les joindre à notre matériel. Nous les acceptons bien volontiers et nous vous prions d'offrir à M. Chaix nos sincères remerciements. Nous serons heureux de lui envoyer prochainement le diplôme et la Croix de bronze que la Société réserve aux hommes de cœur qui ont généreusement coopéré à son œuvre humanitaire.

Agréez, Monsieur, etc.

Signé : Comte de Flavigny.

Avec ces deux lettres, il y a lieu de rappeler le témoignage de reconnaissance accordé par la Société de secours aux personnes de la Maison qui avaient secondé M. Chaix dans son concours à l'œuvre de secours aux blessés.

Le 30 juillet 1871, M. Chaix recevait la lettre dont les termes suivent :

Monsieur et cher Collègue,

Vous avez rendu des services signalés à notre grande œuvre de charité pendant la guerre. Plusieurs personnes dévouées se sont associées à vous pour soulager les malheureux soldats recueillis dans nos ambulances volontaires. Parmi tant de services, j'en citerai un surtout. Vous avez réuni avec un zèle infatigable tous les livres et les jeux, qui, sur votre demande, vous ont été adressés pendant le long siège de Paris, et vous me les avez envoyés avec un empressement qui m'a permis de satisfaire aux nombreuses demandes de chaque jour.

Veuillez, Monsieur, me donner les noms des personnes, des deux sexes, qui ont, comme vous, mérité un témoignage de notre gratitude, afin que je puisse vous envoyer les croix de bronze avec diplômes offertes par notre Société.

Agréez, etc.

Signé : Comte Sérurier.

Il existe au dossier où sont réunis dans la Maison les documents de cette nature une minute de lettre qui paraît ne pas avoir été expédiée, mais qui reflète les sentiments dont étaient animés les collaborateurs de M. Chaix.

Nous la reproduisons ci-après :

Paris, le 10 août 1871.

Monsieur et honoré Collègue,

J'ai reçu la lettre que vous avez bien voulu m'adresser à la date du 30 juillet dernier, au sujet des services que certaines personnes de ma Maison ont rendus à la Société de secours aux blessés pendant le siège.

J'ai communiqué cette lettre aux personnes qu'elle intéresse; elles m'ont déclaré que leur concours à l'œuvre était chose si simple et si naturelle, qu'elles ne se croyaient véritablement pas en droit d'accepter le témoignage de reconnaissance que vous voulez bien leur destiner, et elles m'ont chargé de vous offrir tous leurs remerciements de votre bonne intention, dont elles conserveront toujours un très précieux souvenir.

Veuillez agréer, etc.

VI

SIFFLET DE SECOURS

Nous ne rappellerons pas sans émotion l'idée généreuse de M. le comte de Beaufort, qui a donné naissance à l'*Œuvre de la sauvegarde du blessé.*

Le 14 décembre 1870, M. le comte de Beaufort écrivait dans le journal *la France :*

Il n'est pas de bataille au lendemain de laquelle le terrain n'offre encore des blessés à recueillir. Ils ont passé la nuit à la place où ils étaient tombés, et meurent souvent pour avoir été secourus trop tard.

On a parfois accusé de leur abandon la nonchalance des infirmiers. Le dévouement du corps hospitalier est assez apprécié pour qu'il soit inutile de le défendre. Le mal a d'autres causes : c'est l'étendue des champs de bataille; c'est la nuit; c'est l'instinct qui pousse quelquefois le blessé à se traîner dans une vigne, derrière une haie, vers tout ce qui le dérobe et lui fait un abri; c'est, par-dessus tout, l'impuissance où il se trouve de signaler sa présence et d'appeler le secours à lui. Vainement verra-t-il, à la lueur des torches, passer non loin de lui des brancardiers, qui peut-être le cherchent pour le sauver. S'il veut aller à eux, le sang qu'il a perdu, le froid qui le glace, l'arrêtent au premier pas. S'il veut appeler, sa voix est éteinte. Les brancardiers passent, et le blessé retombe, en attendant la mort.

Telle est la situation. Quant au remède le voici :

Tout soldat serait pourvu d'un sifflet; il le porterait attaché à sa boutonnière, comme autrefois l'épinglette; de sorte que, malgré la perte du havresac, malgré la chute, il l'aurait toujours à sa portée. L'embouchure de l'instrument serait travaillée de manière à produire un son particulier, soit le son cadencé du sifflet qu'on emploie dans le service des voitures publiques. Ce son serait connu des infirmiers; il leur éviterait des recherches stériles, les dirigerait rapidement vers le blessé, et sauverait plus d'une vie (1).

---

(1) On se souvient de l'impression navrante que produisit, au salon de 1873, le tableau de Betsellère : *l'Oublié.* C'est un jeune garde mobile, grièvement blessé, seul au milieu d'une plaine de neige, qui se soulève sur ses bras raidis avant d'expirer abandonné et sans secours. M. Chaix voulut consacrer par un sujet analogue l'idée de M. le comte de Beaufort, et confia à un peintre de talent, M. Walker, le soin de reproduire la scène du *Sifflet de secours aux blessés.* La gravure placée en tête de la seconde partie de ce volume reproduit le tableau de Walker, qui fut exposé au salon de 1876, et qui représente un épisode supposé du combat de Montretout, où plusieurs gardes nationaux étaient munis du sifflet de secours.

Le moyen est simple et d'une exécution peu coûteuse; il cadre avec les usages militaires, puisque, dans nos bataillons de la mobile et dans les armées allemandes, c'est à l'aide du sifflet que se règlent certains mouvements.

Voilà l'idée. Que la raison et la charité lui fassent faire son chemin.

Comte DE BEAUFORT.

Frappé du caractère pratique et de la portée utile de cette idée, M. Chaix s'empressa d'offrir à M. le comte de Beaufort, dans l'intérêt d'une prompte réalisation, le concours de ses efforts personnels et de ses presses.

Dès le 23 décembre, il écrivait à M. le Président de la Société de secours aux blessés des armées de terre et de mer la lettre suivante :

Monsieur le Président,

M. le comte de Beaufort a émis dans le journal *la France* du 14 de ce mois l'idée de munir chaque combattant d'un sifflet de secours, afin que les blessés puissent, au besoin, sur le champ de bataille, appeler sur eux l'attention des ambulances.

Un grand nombre de personnes compétentes, appartenant soit à l'armée, soit à la garde nationale, et que nous avons consultées à ce sujet, ont trouvé qu'en effet ce moyen pourrait rendre de grands services.

De plus, une expérience que nous avons faite a permis de constater qu'une personne couchée et simulant le blessé pouvait, sans souffler avec force, se faire entendre à cent mètres de distance; la nuit, ce coup de sifflet était perçu à une distance double.

Nous nous sommes donc mis en rapport avec M. le comte de Beaufort, pour poursuivre la réalisation de son idée. Mais afin de donner à ce moyen l'importance et l'extension nécessaires, il conviendrait que la Société de secours aux blessés le prît sous son patronage.

Le but de l'œuvre serait le suivant :

Inviter tous les gardes nationaux à se munir d'un sifflet se rapportant autant que possible aux modèles qui seraient déposés dans les bureaux et dans les principales ambulances de la Société;

Donner gratuitement un certain nombre de sifflets aux gardes nationaux nécessiteux, aux gardes mobiles et à l'armée.

Si tel était l'avis du Conseil d'administration de votre Société, nous nous empresserions de l'aider de nos efforts et des moyens dont nous disposons.

Voici quels seraient ces moyens :

1° Demander l'adhésion du général Trochu et du général Clément Thomas;

2° Propager cette idée dans la garde nationale et dans l'armée, au moyen de circulaires adressées aux chefs de corps;

3° Solliciter la souscription d'un certain nombre de personnes;

4° S'occuper de la fourniture et de la fabrication du nombre de sifflets nécessaire. A ce sujet, nous devons vous faire connaître que, d'après une enquête faite il y a quelques jours, le stock chez les marchands en gros est d'environ 18,000 sifflets dont le prix varie de 2 à 8 centimes, suivant la qualité. Il serait donc important de s'assurer d'abord de cette quantité pour en disposer en faveur des bataillons qui marcheront les premiers au feu et de prendre avec les fabricants les arrangements propres à empêcher une hausse de prix qui ne manquerait pas de se produire aussitôt l'idée répandue.

Telles sont, Monsieur le Président, les mesures que nous proposons au Conseil d'administration de votre Société, qui aura à examiner quelle doit être la mesure de notre initiative dans une question qui intéresse à un si haut degré tous ceux qui se disposent à combattre pour la Patrie.

Le lendemain, M. Chaix recevait la réponse dont les termes sont reproduits ci-après :

Paris, le 24 décembre 1870.

Monsieur,

J'ai lu, avec le plus grand intérêt, la lettre que vous m'avez adressée relativement au « sifflet des blessés ».

Vous y déterminez parfaitement le but de l'œuvre pour ce qui touche à la propagation de l'idée, à la réunion des fonds et des instruments qu'exige son application. Tous les moyens que vous offrez à mettre en œuvre nous semblent très pratiques et de nature à produire de rapides effets.

C'est vous dire, Monsieur, que la Société est prête à prendre l'œuvre sous son patronage. Elle n'attend, pour la servir de tout son pouvoir, que l'autorisation du général Clément Thomas.

J'espère, Monsieur, que vous parviendrez aisément à lever le seul obstacle qui nous arrête encore, et que nous pourrons presser en commun l'exécution d'un projet pour lequel vous aurez fait tout ce qu'il était possible d'attendre du plus généreux concours.

Veuillez agréer, etc.

Pour le Président,

Le Secrétaire général,
Signé : Comte DE BEAUFORT.

Les diligences en vue d'obtenir l'autorisation nécessaire furent faites aussitôt et voici, suivant l'ordre chronologique, les réponses qu'elles amenèrent :

Paris, le 27 décembre 1870.

Monsieur,

Vous voulez bien soumettre à mon approbation un projet, ayant pour origine une idée émise par M. de Beaufort, et qui consiste à munir chaque combattant d'un sifflet destiné à appeler, au besoin, sur le champ de bataille, l'attention des ambulances.

Je trouve l'idée heureuse, et non seulement j'approuve le projet, mais je fais des vœux pour sa prompte réalisation.

Veuillez agréer, etc.

Le Général Commandant supérieur des Gardes nationales.
Signé : CLÉMENT THOMAS.

A Monsieur A. Chaix, 20, rue Bergère, à Paris.

Paris le 30 décembre 1870.

Monsieur,

En réponse à votre lettre du 28 décembre courant, j'ai l'honneur de vous informer que j'adhère à votre projet d'employer un sifflet pour les blessés et que je vous autorise à prévenir de cette adhésion la Société de secours aux blessés, qui pourra ainsi donner suite à son offre de prendre l'œuvre sous son patronage.

Recevez, etc.

LE GÉNÉRAL GOUVERNEUR DE PARIS.
Par ordre,
Le Général Sous-chef d'État-major général,
Signé : M. FOY.

Monsieur Chaix, 20, rue Bergère, à Paris.

Paris, le 17 janvier 1871.

Messieurs,

J'ai examiné le projet à l'exécution duquel vous vous attachez pour que les combattants des armées de la Défense nationale soient chacun, pourvus d'un sifflet au moyen duquel ils puissent, sur le champ de bataille, appeler vers eux les secours qui leur seraient nécessaires en cas de blessure.

Je ne puis qu'applaudir, quant à moi, à toute mesure qui tournera à l'avantage de nos soldats, et j'associe tout particulièrement mes vœux au succès de celle qui vous occupe.

Recevez, etc.

Le Ministre de la Guerre,
Signé : GÉNÉRAL LE FLO.

A MM. Chaix et Cie, rue Bergère, 20, à Paris.

L'œuvre put dès lors recevoir une active impulsion. Quatre sociétés la prirent sous leur patronage : la Société de secours aux blessés des armées de terre et de mer, le Comité des Ambulances de la Presse, la Société internationale de prévoyance en faveur des citoyens sous les armes, la Société d'assistance aux mutilés pauvres.

Il nous paraît intéressant de reproduire les lettres par lesquelles ces sociétés exprimèrent à M. Chaix leur approbation. On y trouve, en effet, l'expression de la sympathie que rencon-

(Affiche réduite des deux tiers environ.)

SAUVEGARDE DU BLESSÉ

SIFFLET DE SECOURS

L'expérience a démontré que, pour, diverses causes, un certain nombre de Blessés échappent, après le combat, aux recherches des Ambulances et restent privés de soins sur le champ de bataille.

Un Comité a été constitué sous le patronage de la *Société Française de Secours* *Société Internationale de Prévoyance en faveur des Citoyens sous les Armes* et de l'*Assistance aux Mutilés pauvres*.

M. le Général Gouverneur de Paris, M. le Ministre de la Guerre et M. le Général Commandant en chef des Gardes nationales ont donné leur approbation à l'OEuvre.

En conséquence, tous les Soldats, Gardes mobiles et Gardes nationaux sont invités à se procurer le Sifflet réglementaire au Dépôt général, 20, rue Bergère, et dans les Bureaux ci-dessous de la *Loterie Nationale au profit des Blessés Militaires*

AU PRIX DE 5 CENTIMES

1° Maison des Eaux de Vichy, boulevard Montmartre, 22, Bureau	A.	5° Imprimerie A. Chaix et Cie, 20, rue Bergère, bureau auxiliaire	G.
2° Boulevard des Italiens, n° 15, bureau central	B.	6° Mr Krieger, fabricant de meubles, 76, faubourg St-Antoine, bureau auxiliaire	E.
3° Boulevard Poissonnière, 14 bis, Maison Bord, bureau auxiliaire	C.	7° Meyrand, boulevard Malesherbes, 7, bureau auxiliaire	F.
4° Mr aux Statues-St-Jacques, 189, 19, 195, rue St-Denis, bureau auxiliaire	D.	8° Direction du nouvel Opéra, rue Gluck.	

En raison du nombre de Sifflets nécessaires, on a dû réunir les modèles de plusieurs fabrications différentes. — Certains Sifflets même contiennent une petite boule destinée à galvaniser le son ; on peut, si on le désire, extraire cette boule au moyen d'une pointe ou d'un canif.

INSTRUCTIONS :

*Le **SIFFLET** réglementaire est muni d'un cordon de **33** centimètres de longueur;*
Il doit être accroché au deuxième bouton de la tunique, afin d'être à portée de la bouche:
Il doit être placé sous le ceinturon, d'où le Blessé pourra le retirer facilement.

SOUSCRIPTION

Le Comité de l'OEuvre du *Sifflet de Secours* fait appel au patriotisme de chacun, afin de pouvoir mettre **GRATUITEMENT** à la disposition des **CHEFS DE CORPS** des *Sifflets* destinés aux Combattants auxquels il conviendrait de ne pas en faire supporter la dépense.

Les souscriptions sont reçues dans un Tronc spécial placé dans les Bureaux dont l'adresse est ci-dessus.

On peut souscrire également par lettre affranchie adressée à M. le Délégué du Comité, **20, rue Bergère,** (bureau auxiliaire G), pour toute Compagnie, Bataillon, Régiment ou Escadron auquel on s'intéresse plus spécialement. (*Exemple* : **25** francs pour un bataillon de **500** hommes. — **6** fr. **25** c. pour une Compagnie de **125** hommes, etc) trait, au milieu des douloureux événements de cette époque, l'œuvre dite : « la sauvegarde du blessé ».

Paris, le 5 janvier 1871.

Monsieur,

Le Conseil de la Société s'empresse toujours d'accorder son patronage à ceux qui viennent en aide aux victimes de la guerre. La « sauvegarde du blessé » dont vous vous occupez si utilement, en adoptant l'idée du comte de Beaufort, de pourvoir les combattants d'un sifflet, afin de les mettre à même, en cas de blessure, de signaler leur présence sur le champ de bataille, mérite le plus chaleureux encouragement.

Le Conseil, dans sa séance du 3 de ce mois, a voté une somme de cinq cents francs, désirant s'associer à vos louables efforts.

Veuillez agréer, etc.

Le Président de la Société de secours aux blessés.
Signé : Comte DE FLAVIGNY.

La Société de secours aux blessés délégua auprès de l'œuvre M. le comte de Beaufort.

Palais des Tuileries, le 13 janvier 1871.

Monsieur,

Le Comité des Ambulances de la Presse a été informé de la proposition par vous faite de désigner un de ses membres pour faire partie de la Commission de l'Œuvre des sifflets aux blessés. Le Comité ne peut que vous féliciter de l'idée, et faire tous les souhaits pour sa réussite. En outre, il me charge de vous informer qu'il a désigné son président, M. le docteur Ricord, pour faire partie de cette commission.

Recevez, je vous prie, etc.

Pour le membre du Comité délégué, secrétaire général, et par ordre,
Le Chef d'état-major,
Signé : G. NANTEUIL.

Paris, le 20 janvier 1871.

Monsieur,

Le patronage du Comité central français de la Société de prévoyance en faveur des citoyens sous les armes est tout acquis à l'idée de M. le comte de Beaufort, de pourvoir les combattants d'un sifflet, afin de les mettre à même, dans le cas où ils viennent à être blessés, de signaler leur présence sur le champ de bataille.

Le Comité, désireux d'accorder tous les encouragements possibles à cette œuvre de sauvegarde des blessés, a voulu s'y associer, en lui allouant une somme de deux cents francs, et a délégué l'un de ses secrétaires, M. de Houdetot, afin de s'entendre avec vous, en tout ce qui pourra contribuer à la bonne réussite d'une si louable entreprise.

Agréez, Monsieur, etc.

Pour le Comité central français.
Le Président,
Signé : Henry DUMONT.

De son côté, l'Assistance aux mutilés pauvres délégua M. de Béthisy pour la représenter auprès de l'œuvre.

Un Comité d'exécution, composé des chefs de service de l'Imprimerie et de la Librairie centrales des chemins de fer, fut constitué rue Bergère, 20, sous la présidence de M. Chaix. Il consacra d'actifs efforts à la réalisation de l'idée de M. le comte de Beaufort.

Le Comité s'occupa simultanément de l'acquisition de tous les sifflets que l'on put trouver dans Paris, et des démarches, ainsi que des soins de publicité que demandait l'importante œuvre qu'il avait entreprise.

60,000 sifflets furent achetés, et on organisa un service spécial pour les attacher à des cordons et les mettre à la disposition des combattants.

5,000 affiches apposées dans Paris firent connaître le but de l'œuvre et invitèrent les combattants à se procurer le sifflet de secours dans l'un des sept bureaux qu'elles désignaient (1).

Le concours de la presse fut demandé par la circulaire reproduite ci-dessous :

Paris, le 24 janvier 1871.

Monsieur le Rédacteur,

Permettez-moi de solliciter toute votre bienveillance et vos sympathies pour l'Œuvre de la Sauvegarde du blessé, qui a pour objet de munir chaque combattant d'un *sifflet de secours* en cas de blessure.

Nous espérons que vous voudrez bien nous seconder dans la réalisation de cette mesure humanitaire, en publiant dans votre journal l'affiche et les circulaires que nous avons l'honneur de vous adresser sous ce pli.

Veuillez agréer, etc.

Tous les chefs de corps de l'armée active et de la garde nationale reçurent la circulaire dont le texte suit :

Paris, le 18 janvier 1871.

M

L'expérience a démontré que, pour diverses causes, un certain nombre de blessés échappent, après le combat, aux recherches des ambulances et restent privés de soins sur le champ de bataille. Il serait donc très utile de munir chaque combattant d'un *sifflet de secours* qui lui permettrait d'appeler à son aide en cas de blessure.

---

(1) Voir pages 68 et 69 un *fac-similé* réduit de cette affiche.

Après avoir reçu l'approbation de M. le Gouverneur de Paris, de M. le Ministre de la Guerre et de M. le général Commandant en chef des Gardes nationales, un comité spécial, constitué sous le patronage de la Société de secours aux blessés des armées de terre et de mer, des Ambulances de la Presse, de la Société internationale de prévoyance en faveur des citoyens sous les armes, de l'Assistance aux mutilés pauvres, a pris des mesures pour mettre à la disposition des corps la quantité de sifflets nécessaire, au prix de cinq centimes chaque.

Nous espérons que vous voudrez bien nous seconder dans la réalisation de cette mesure humanitaire, en la portant à la connaissance des combattants placés sous vos ordres et en invitant chacun d'eux à se munir du sifflet de secours.

Nous vous serions très obligés de vouloir bien nous transmettre votre demande, au moyen du bulletin ci-joint, et vingt-quatre heures après sa réception, un paquet contenant la quantité de sifflets que vous nous aurez commandée sera à votre disposition, contre remboursement ou pièces comptables, au siège du Comité, rue Bergère, n° 20, où vous pourrez le faire prendre.

Quant aux personnes auxquelles il conviendrait de ne pas faire supporter cette dépense, nous vous prions de vouloir bien nous en indiquer le nombre : le Comité espère pouvoir satisfaire à leurs demandes au moyen d'une souscription.

Veuillez agréer, etc.

De Beaufort, *délégué de la Société française de Secours aux blessés de terre et de mer ;*

Docteur Ricord, *délégué des Ambulances de la Presse ;*

De Houdetot, *délégué de la Société internationale de prévoyance en faveur des citoyens sous les armes ;*

De Béthisy, *délégué de l'Assistance aux mutilés pauvres.*

La 2e et la 3e pages portaient reproduction des lettres de M. le Gouverneur de Paris, de M. le Ministre de la Guerre et du général Clément Thomas ; elles donnaient des indications relatives à l'œuvre et contenaient un bulletin de demandes.

Une autre circulaire, conçue dans des termes à peu près semblables, fut répandue parmi les citoyens de la capitale, ainsi que plusieurs milliers de bulletins de souscription.

L'œuvre avait donc reçu une énergique impulsion et était en mesure de rendre d'utiles services lorsque fut conclu l'armistice et que s'ouvrirent les négociations pour la paix.

ANNEXES

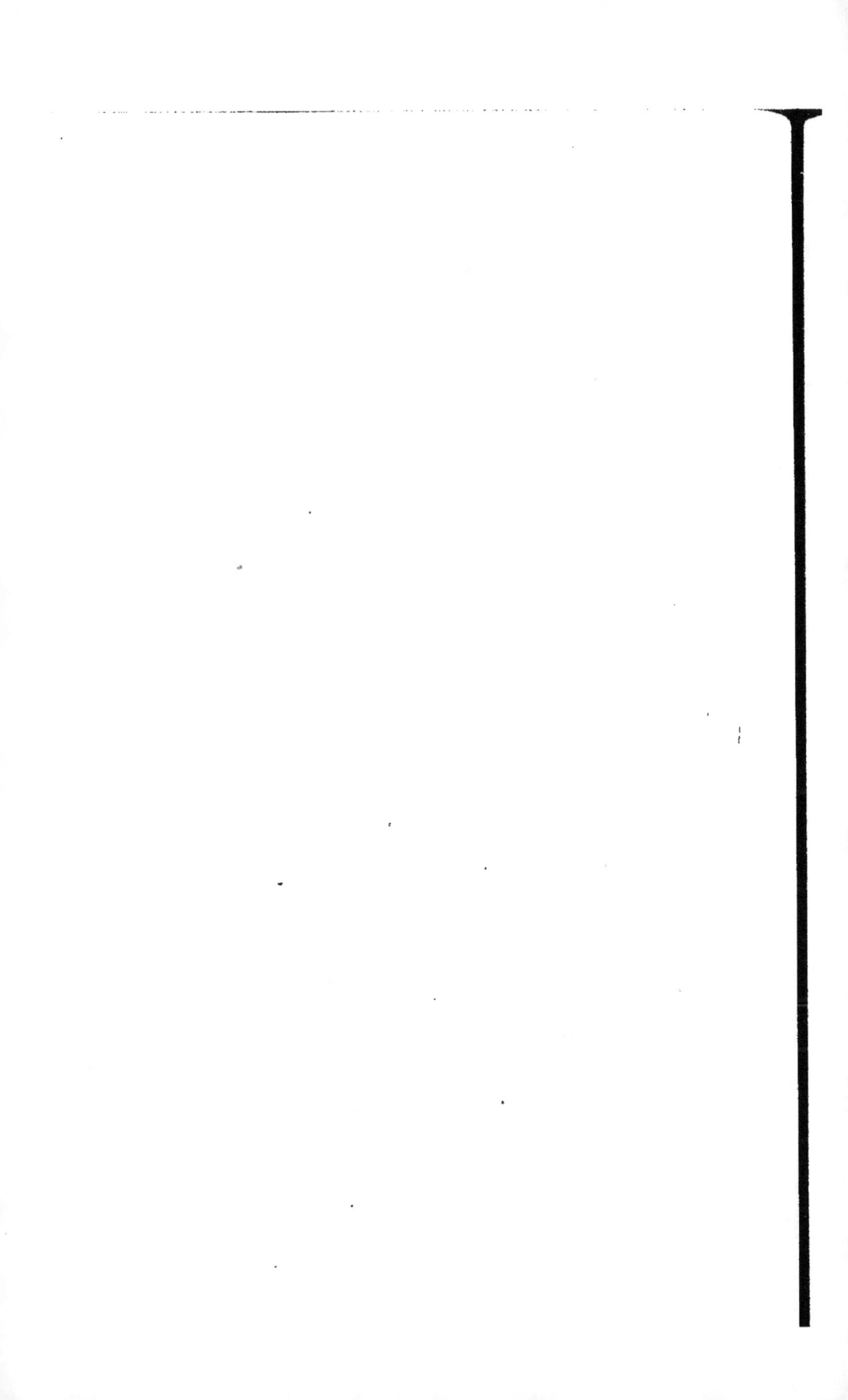

RÉPUBLIQUE FRANÇAISE

PUBLICATIONS PATRIOTIQUES

DE LA

Garde nationale

(N° 1) LE SIÈGE DE VIENNE EN 1683

L'histoire est une vieille radoteuse; il est impossible de ne pas remarquer, en lisant les récits du temps passé, combien la Providence se répète et combien les événements auxquels nous nous trouvons mêlés et les personnages que nous voyons s'agiter autour de nous, ressemblent, à s'y méprendre, aux personnages et aux événements des siècles qui nous ont précédés.

A chaque époque nouvelle, comme un directeur de spectacles qui veut remettre au jour une ancienne pièce, le sort rajeunit les décors, change le lieu de la scène, tire de leur étui les marionnettes héroïques ou grotesques qui dormaient, leur rôle fini, dans la poudre de l'oubli; puis, après avoir à peine modifié leur costume, les lance de nouveau sur la scène, pour recommencer le même rôle dans une pièce dont il leur est impossible de changer le dénouement.

Ces réflexions, que nous avons faites souvent, se sont présentées hier à notre esprit avec une nouvelle force, pendant que nous relisions dans l'histoire des Ottomans, de Hamer, la relation du siège de Vienne par l'armée turque, en 1683.

Nous allons tout simplement exposer des faits puisés aux sources authentiques; nous laisserons au lecteur le facile plaisir de trouver lui-même les rapprochements singuliers qui existent entre le siège de Vienne et un autre siège qui nous intéresse bien davantage. Ce siège, amené presque par les mêmes causes, aura si probablement le même résultat, qu'il n'est peut-être pas inutile, devant ceux qui peuvent être atteints par ce terrible dénouement, de raconter de nouveau une histoire qu'ils n'ont pas suffisamment lue, ou qu'ils ont peut-être oubliée.

Un peu plus d'un siècle après le règne de Charles-Quint, l'Allemagne se trouva menacée à son tour par une nation voisine et rivale qui, ne manquant pas une occasion de s'agrandir et d'augmenter ses armées, était devenue une puissance militaire de premier ordre. Mahomet II avait appliqué sa main sanglante sur les murs écaillés d'or de Sainte-Sophie; les deux Kiuperli, ces grands ministres, avaient élevé au plus haut degré la splendeur de la Turquie, lui avaient donné Candie et laissaient à Mahomet IV un empire augmenté, une armée formidable et un ministre, Kara-Mustapha, digne, croyait-on, de continuer leur œuvre dans la paix comme dans la guerre.

C'est alors que cette pensée de lancer toutes les forces de la Turquie mahométane sur l'Europe chrétienne, de faire reculer et même d'abattre entièrement l'étendard du Christ devant l'étendard de Mahomet, vint à Kara-Mustapha.

Comme aujourd'hui, deux idées radicalement opposées se disputaient le monde; ces idées allaient se rencontrer sur un dernier et sanglant champ de bataille. A l'issue de ce combat, l'Europe plierait-elle sous le sabre turc, ou la foi du prophète de la Mecque serait-elle pour jamais repoussée vers l'Asie? Telle était la question suprême qui se posait alors. C'était plus qu'une bataille de géants qui allait s'engager, c'était presque une bataille de dieux!

Dans cette lutte suprême, l'Autriche était seule. L'Europe, dit un auteur moderne, indifférente aux dangers d'un empire dont l'ambition avait dépopularisé la cause, n'armait pour l'Autriche que quelques rares volontaires.

Avant l'heure de l'enthousiasme et du mépris de la mort, ce n'est pas sans quelque amertume de cœur que les nations et les villes se sentent choisies pour ces combats décisifs et désespérés: l'Autriche, avant de se résoudre à cette lutte, voulut essayer de détourner d'elle ce calice. Pendant que la bataille était déjà commencée sur le Danube, un noble Autrichien, Caprara, se rendit au camp du grand visir pour connaître les conditions que Kara-Mustapha mettrait à la paix. Accueilli par « des demandes de tributs considérables et surtout par des exigences inadmissibles de cessions de provinces et de forteresses », Caprara reprit le chemin de Vienne. La ville, alors, sans s'effrayer du géant qu'elle avait à combattre, accepta sans faiblesse de lutter contre cette inondation humaine qui devait, pour s'y briser, venir battre ses murs courageux.

Vienne se dévoua donc à la patrie! Sans être encore l'admirable ville d'aujourd'hui, Vienne, capitale de l'archiduché d'Autriche et de l'empire d'Allemagne, Vienne était déjà superbe. Elle avait quantité de palais magnifiques: le vieux palais de Hapsbourg, l'église de Saint-Étienne avec son maître-autel, orné de colonnes de marbre et de beaux tableaux; son clocher de pierre en pyramide, embelli de figures de bas-relief, chef-d'œuvre que l'on venait visiter de partout; sa chapelle de Notre-Dame-de-Lorette, bâtie sur le modèle de celle d'Italie. Sa population était considérable: on voyait se presser dans ses rues, nobles habillés à la française, courtisans habillés à l'espagnole, pour mieux faire leur cour.

Vienne était déjà célèbre, entre toutes, par ses fêtes, ses bals et son goût pour les plaisirs; ses remparts eux-mêmes étaient couverts de tavernes et de lieux de divertissements.

A l'approche de l'ennemi, les violons se turent pour laisser sonner les trompettes; les walzers et les menuets furent remplacés par l'exercice; les bourgeois, les étudiants, les ouvriers, les vieillards s'armèrent et coururent aux remparts, pour aider et soutenir la petite garnison de 10,000 hommes que le général Starembergh, gouverneur de Vienne, avait réunis pour la défense de la ville.

Kara-Mustapha, en marchant sur Vienne, avait rencontré sur sa route une forteresse, Raab, qui, comme Strasbourg aujourd'hui, arrêtait la marche de l'armée ennemie et inquiétait sa ligne de retraite.

Le visir tint un conseil de guerre, afin de décider si l'on s'arrêterait à faire le siège de Raab et des autres forteresses, ou si l'on se dirigerait immédiatement vers la capitale.

Tout le conseil fut d'avis de ne pas laisser derrière soi ces forteresses invaincues, qui pourraient, en cas de défaite, changer la déroute en désastre; et Ibrahim, le vainqueur des Russes, donna à son opinion cette forme de l'apologue, chère aux peuples orientaux :

« Un roi de Perse », dit Ibrahim, « fit déposer un trésor contenu dans une bourse sur un large tapis, et appelant ses courtisans, il donna le trésor à celui qui trouverait le moyen de prendre la bourse sans marcher sur le tapis. La munificence du roi paraissait illusoire, quand un des assistants, repliant et roulant le tapis par ses bords, atteignit ainsi la bourse sans avoir foulé la natte. Suis cet exemple, ô visir, et replie l'Autriche pièce à pièce avant de toucher à la capitale, qui n'aura plus de nation pour la défendre. »

Kara-Mustapha repoussa ce sage avis; il insulta Ibrahim, et après avoir, dans une dernière bataille, où fut blessé à mort le prince Louis de Savoie, battu, pris ou bloqué ce qui restait des armées de l'empereur Léopold, il donna l'ordre à ses généraux de se diriger sur Vienne, où il arriva le 14 juillet 1683, à la lueur des villes et des villages incendiés qu'il laissait derrière lui, et précédé d'une multitude de femmes, d'enfants et de troupeaux fuyant cette nouvelle invasion de barbares. Trois mille cinq cents de ces malheureux se jetèrent à ses pieds pour lui demander grâce : il les fit égorger, et fit livrer à ses soldats une belle jeune fille, couronnée de fleurs, qui avait porté la parole au nom des suppliants.

Les cris de la pauvre enfant allumèrent dans le cœur des défenseurs de Vienne, rangés sur leurs remparts, cette rage, faite de rougeur et de larmes, que tous les flots des mers ne suffiraient pas pour éteindre.

Le siège commença.

A la première sommation adressée par Mustapha à la ville, Staremberg répondit en brûlant les promenades, les maisons de plaisance et jusqu'aux faubourgs de Vienne.

En présence de ce sacrifice, le visir eut-il ce pressentiment qu'un peuple poussé ainsi au désespoir devient nécessairement invincible, puisque l'énergie de la défense ne peut plus être égalée par l'énergie de l'attaque?

Pendant plus de deux mois le siège continua.

Sans faiblesse et presque sans espérance, Vienne tenait toujours! Depuis plus de soixante jours, les canons colossaux, fondus jadis par Orban et qui avaient éventré les murs de Constantinople, battaient presque sans relâche ses murs détruits. Les remparts semblaient des amas informes de rochers. Vienne avait subi dix-huit assauts de plus en plus furieux.

Les Turcs avaient une fois pénétré jusqu'à cet endroit où se trouve aujourd'hui un musulman de bronze qui indique, comme ces marques placées au-dessus de l'étiage des ponts, jusqu'où avait atteint cette inondation humaine que les barricades placées à l'entrée des rues de Vienne purent seules arrêter. Starembergh était blessé; la famine, l'épidémie, le manque de munitions accablaient cette ville, qui ne résistait plus que par héroïsme et par instinct. Cependant ces nouvelles, venant on ne sait d'où, qui circulent dans les cités assiégées et qui ne sont autre chose que la voix secrète et encourageante de la patrie, circulaient dans la ville investie.

On disait qu'une armée de trente mille hommes, commandée par Charles de Lorraine, pouvait arriver sur les derrières de l'armée turque; puis, espérance insensée accueillie comme l'annonce d'un secours céleste! on disait aussi, sans y croire, que le héros de Choczim, Jean Sobieski, à la tête d'une petite armée principalement composée de cette cavalerie polonaise et hongroise que l'on avait surnommée « l'ouragan discipliné », venait au secours du Christ et cherchait à travers la patrie à joindre ses étendards aux bannières de Charles de Lorraine. Depuis soixante jours cette espérance, chaque soir trompée, renaissait obstinément chaque matin.

Les yeux rougis par la fumée des incendies se fatiguaient à interroger vainement les horizons immenses du ciel et de la verdure. La pauvre ville, déjà sous le cimeterre de son bourreau, voyait au loin l'herbe verdoyer, le soleil poudroyer; mais des deux cavaliers vengeurs (réunis enfin et qui accouraient au grand galop de leurs chevaux), nulle trace encore!

Un jour, cependant, à une des portes du camp du visir, se présenta du côté de la campagne un vieillard conduit par un jeune garçon. Ce vieillard était aveugle et paraissait presque fou; il chantait, en s'accompagnant d'un violon délabré, d'anciennes mélodies turques qui rappelaient aux soldats leur patrie et leurs foyers.

Son jeune compagnon recueillait, dans un plateau de cuivre étamé de bas argent, les aspres et même les sequins dont les soldats récompensaient ses chansons.

Ils traversèrent ainsi tout le camp.

Arrivés devant les remparts de Vienne, l'aveugle et son jeune compagnon se précipitèrent tout à coup dans le Danube, et, plongeant sous l'eau profonde que couvrit bientôt la fumée des fusils et que fouillaient les balles et les traits, ils franchirent le fleuve, prirent terre aux pieds des remparts écroulés, et se tenant par la main, s'enfoncèrent dans les rues sanglantes de la ville assiégée. Cet incident ne causa pas un grand émoi dans le camp du visir. Que pouvaient, d'ailleurs, un vieillard et un enfant pour le secours de cette ville condamnée ?

Ce vieillard apportait à Staremberg l'assurance de l'arrivée prochaine d'une armée de secours et la recommandation suprême de tenir jusqu'à la dernière extrémité. Il se nommait Koltschitzky, c'était un ancien interprète de l'ambassadeur polonais à Constantinople ; c'est en remplissant ces fonctions qu'il avait acquis cette connaissance si parfaite de la langue turque, qui lui permit de traverser impunément les lignes des Ottomans et de leur faire payer si cher les services qu'il leur avait autrefois rendus.

L'histoire n'a gardé ni le nom ni la trace de l'enfant qui l'accompagnait dans sa dangereuse mission. C'est dans les souvenirs de la famille de Soros Tètebleue, souvenirs à nous transmis par le dernier descendant du vaillant partisan anobli pour ses exploits au siège de Vienne, que nous avons retrouvé sa mémoire et sa silhouette presque effacée. Ce jeune héros n'était autre que la fille de Koltschitzky. Cette blonde et courageuse enfant ne voulut point quitter son père, et c'est après avoir communié avec lui le matin même, qu'elle se jeta avec lui dans ces périls mortels.

Mustapha, tranquille et sans se préoccuper le moins du monde de ces présages ennemis, confiant dans les arrêts du destin qu'il croyait favorables et que, d'ailleurs, sa foi lui défendait d'essayer de changer, venait chaque soir, l'épée presque dans le flanc et le cordon fatal déjà suspendu au-dessus de sa tête, prendre le café sous une tente de pourpre, en écoutant les derniers râlements de la ville mourante.

Malgré les promesses de Koltschitzky, Vienne, ne voyant rien venir, recommençait à désespérer.

Pendant la nuit du 11 au 12 septembre, alors que le gardien de la tour Saint-Étienne venait, comme chaque soir, de lancer dans un ciel clair et étoilé la fusée, signal inutile qui, depuis de si longs jours, interrogeait vainement l'horizon, voilà que, là-bas, derrière le camp ennemi, s'élevant silencieusement dans l'espace et coupant d'une traînée d'argent le sombre azur du ciel, une autre fusée lui répondit. Comme si la pauvre ville n'avait eu qu'une âme, on entendit comme un immense soupir : c'était Vienne qui respirait tout bas !

Occupés à regarder leur proie de leur camp où mouraient les dernières chansons et les dernières rumeurs, les Turcs n'avaient rien vu.

Le lendemain, au lever du jour et aux premiers rayons d'un brillant soleil d'automne, Mustapha-Pacha aperçut sur les hauteurs du Calenberg, montagne qu'il avait crue jusqu'alors inaccessible, un assemblage immense de pelisses, d'écharpes, de sabres recourbés, de harnais étincelants, de bannières éclatantes, de riches uniformes polonais, hongrois, français et allemands. On voyait là ces noirs cuirassiers couverts de demi-armures, que Jacques Courtois, dit le

Bourguignon, nous représente si volontiers vidant leurs longs pistolets sur des cavaliers turcs, à aigrette et à caftan bleu et jaune. Au milieu de l'armée, vêtu d'un habit de taffetas couleur du ciel sur lequel, encadrés dans les fourrures, brillaient des ordres en diamant et suivi de deux pages, l'un portant sur un bouclier d'or les armes de la Pologne, l'autre la lance d'or du roi, Jean Sobieski lui-même apparut aux yeux de l'armée ottomane épouvantée! Au même moment, les portes déchirées de Vienne s'ouvrirent, et tout ce qui restait de ce peuple martyrisé, outragé, massacré, et qui buvait la mort goutte à goutte depuis soixante et dix jours, se précipita sur l'armée turque, pendant que la cavalerie polonaise, suivie de toute l'armée allemande, descendait au galop des hauteurs de Calenberg et poussait une charge de soixante-mille hommes sur l'armée de Kara-Mustapha.

Et, maintenant, cherchez dans la plaine la trace des vaillants jannissaires et de leur aga avec ses deux queues de cheval et ses trois drapeaux de soie!

Où sont les volontaires couverts de peau de léopard? les pages armés de cottes de mailles et vêtus de soie rouge? le fourrier feudataire? le général de l'artillerie avec ses étendards rouges et verts? les delis couverts de bonnets rouges que surmontaient les ailes de différents oiseaux?

Hélas! hélas! depuis la bataille de Vienne, l'empire ottoman n'a plus retrouvé son ancienne splendeur! Demandez à la Turquie ce qu'est devenu l'étendard du prophète! Demandez-lui où elle a laissé le sabre d'Ali! et ces cimeterres montés en or dont la lame valait une province! et ces carquois d'émeraudes! et ces nobles coursiers plus nobles que leur maîtres! Avec les plus courageux de ses enfants, tous ces trésors sont restés devant Vienne, et sur le corps de ses soldats immolés l'herbe ennemie a poussé plus drue et plus verte.

Ainsi donc, il est des batailles qui sont des procès que Dieu juge lui-même et sans appel.

Et ce qui désigne aux yeux humains l'adversaire dont la cause est condamnée, c'est cette dureté qui lui fait repousser tout d'abord un arrangement possible et des propositions qui pouvaient satisfaire le vainqueur sans déshonorer le vaincu. Après cette minute de grâce où l'épée de l'archange est encore suspendue, il est trop tard pour revenir en arrière; car Dieu, ce juge du camp, qui sait de quel côté est la justice et sera la victoire, a prononcé ces terribles paroles : Laissez aller.

Eugène Gautier.

(*Journal officiel* du 2 octobre 1870.)

(N° 2) AU CAMPEMENT

Le changement qui vient de se produire dans le temps, le froid des dernières nuits ont pris au dépourvu beaucoup de gardes nationaux. Nous voici dans la saison rigoureuse, et nous sommes, il ne faut pas l'oublier, à une des époques de l'année qui donnent le plus de malades, précisément à cause des variations subites de température. Il importe à nos gardes nationaux de se prémunir contre ces influences mauvaises et d'appliquer avec attention les principes hygiéniques que commande le froid.

Le premier est, sans contredit, le changement fréquent de linge et la propreté absolue du corps. La sueur, en imprégnant les vêtements, y dépose le sel marin qu'elle contient, et celui-ci a toujours, comme le savent les ménagères, une tendance à rester humide. Avoir le corps et les vêtements secs est un premier point pour avoir chaud.

Toutes les parties du corps doivent être également couvertes : les épaules et la poitrine, pour éviter les bronchites et les pneumonies ; l'estomac et le bas-ventre, pour combattre les diarrhées et les cholérines ; les membres, pour prévenir les rhumatismes. Il est important aussi, — mais au point de vue militaire seulement, — que les mains soient abritées dans de très gros gants où les doigts sont enfermés ensemble et où le pouce seul est libre. Il suffit que ces gants puissent être retirés en un clin d'œil, à la première alerte. Les lourdes chaussures doivent être également employées, même quand le temps est beau. La plante du pied, séparée du sol par une semelle épaisse, se refroidit moins au contact de la terre.

La nuit, il serait désirable que les tentes et les corps de garde ne fussent pas aussi hermétiquement fermés que d'habitude. Il est préférable pour la santé des hommes, qu'ils couchent plus couverts et que l'air respiré se renouvelle plus facilement. Le corps de garde trop chaud expose ceux qui en sortent à être saisis par l'air froid, auquel leurs poumons sont mal préparés.

Il ne faut pas perdre de vue qu'un bon feu en plein air vaut toujours mieux, quand la consigne permet de l'allumer, que l'étouffante chaleur d'un poêle, surtout si celui-ci est en fonte. Alors c'est un véritable danger. On sait aujourd'hui que la fonte échauffée dégage des gaz délétères dont l'influence pourrait, dans certains cas, être fatale. Les chefs de poste ne devront pas hésiter à rejeter de la façon la plus absolue ce mode de chauffage.

Un mot, enfin, des boissons que l'on prend « pour se réchauffer ». Que chacun se pénètre bien de ceci : que les liqueurs alcooliques, prises en excès (ne fût-ce qu'en léger excès), loin d'être réconfortantes en temps de froid, glacent le corps. En hiver, l'ivresse, à cause de cela même, devient facilement mortelle, pour peu que l'action du froid extérieur vienne s'ajouter à celle de l'alcool.

Une petite quantité d'eau-de-vie, au contraire, ou de rhum, ou de toute autre liqueur, est un bon réconfortant ; c'est le seul qui soit toujours sous la main, quand on est en marche ou en faction. Le rhum vaut mieux que l'eau-de-vie, et, en général, plus la liqueur est aromatique, plus elle remplit le but. On peut improviser, avec de l'alcool de vin et des épices ou des aromates, d'excellentes liqueurs qui réchauffent en y mouillant les lèvres. L'élixir de Chartreuse est le type de ces breuvages.

Au campement, le réconfortant par excellence contre le froid est le café, et encore plus le thé. Il est difficile, nous le savons, de se procurer à Paris du thé de bonne qualité ; c'est pour cela, peut-être, que les Parisiens ont le tort de n'y voir qu'une sorte de médicament. Le thé un peu fort, bien chaud, relevé avec du sucre et de l'eau-de-vie, est, sans contredit, la meilleure boisson réchauffante, de l'avis de tous ceux qui ont fait campagne dans les pays froids. Aussi engageons-nous vivement les commandants de la Garde nationale à faire en sorte que les cantines de leurs bataillons soient pourvues de thé de bonne qualité.

(*Avenir National* et *Journal Officiel* du 8 octobre 1870.)

(N° 3) WASHINGTON

Parmi les grands caractères dont l'histoire nous entretient, il en est peu qui, par la probité, la persévérance énergique, la modestie et la magnanimité, égalent George Washington. Vainement on chercherait un homme politique ayant mis au service de la patrie autant de bons sens et de droiture, des qualités aussi solides, une confiance aussi grande dans le triomphe des principes, un désintéressement aussi absolu, une intelligence aussi vive des besoins de son époque et un sens aussi pratique dans la direction des affaires publiques.

Washington est par excellence le type du grand citoyen; sa vie tout entière est consacrée à son pays et à l'établissement de la liberté. Il fonde d'une main, il consolide de l'autre, et place la République sur des bases inébranlables; il combat pour elle pendant sept années de privations et de souffrances. Puis, une fois son œuvre accomplie et l'indépendance des États-Unis assurée, il dépose son épée entre les mains du Congrès, qui la lui avait confiée, et il retourne à sa charrue.

Les peuples élevés dans la pratique de la liberté sont jaloux de leurs droits et prompts à les venger. Ils ne permettent ni empiètement ni surprises; ils savent que la moindre atteinte à un seul de ces droits peut entraîner la ruine de tous les autres: aussi n'hésitent-ils pas à opposer à toute tentative d'usurpation la résistance morale d'abord, la résistance matérielle ensuite, s'il faut en venir jusque-là. C'est à ces conditions-là seules que les peuples libres conservent leurs libertés; c'est par l'emploi de ces moyens que les Américains sauvèrent les leurs du naufrage.

Lorsque la guerre de l'indépendance éclata, Washington était sur ses terres, qu'il exploitait lui-même depuis nombre d'années. Il avait alors quarante-quatre ans. Ce fut là que la Révolution vint le trouver pour le placer à la tête de la Confédération des treize colonies et mettre entre ses mains l'épée de la défense nationale.

Washington n'accepta qu'en tremblant. « Ma conscience, dit-il, me porte à déclarer que je ne suis pas à la hauteur de la mission dont mes concitoyens veulent bien m'honorer. Je n'ai ni l'habileté ni l'expérience nécessaires. Toutefois, si les Chambres insistent, je leur promets de mettre tout ce que je sais et tout ce que je puis au service de la cause glorieuse dans laquelle notre pays est engagé. » Le Congrès insista et Washington fut proclamé généralissime de la Confédération américaine.

Washington n'eut pas plus tôt été investi du commandement en chef qu'il prit le chemin de Boston, occupé alors par les Anglais. Les colons du Massachussetts, dont Boston était alors la ville principale, avaient à souffrir considérablement de la présence de ces derniers. La ville était bloquée, les provisions n'y pénétraient que difficilement et à de rares intervalles; le bois et le charbon y manquaient, à ce point que les sièges des églises et les matériaux des vieilles maisons furent employés comme combustible. Ce ne fut pas seulement dans les besoins matériels, mais dans leurs sentiments religieux et patriotiques que les puritains de la nouvelle Angleterre se trouvèrent atteints.

Leurs temples subirent mille outrages: plusieurs servirent d'écurie à la cavalerie anglaise, qui s'amusait par passe-temps à imiter le nasillement des prédicateurs américains. Ces indignités passaient alors pour choses toutes naturelles. Les Anglais voyaient un rebelle dans tout Américain, comme les Américains un tyran dans tout Anglais. Ces enfants d'une même famille, ces descendants d'une même race, étaient profondément divisés. Les uns combattaient pour leur liberté, les autres pour le roi d'Angleterre.

Après avoir délivré Boston et forcé les Anglais à se retirer, Washington, qui avait employé dans cette affaire, outre des troupes qu'il avait sous la main, des soldats venus de la Virginie, c'est-à-dire d'une distance d'environ cinq cents kilomètres, se porta en toute hâte sur New-York, où une armée anglaise venait d'arriver. Quoique peu préparé à cette rencontre, Washington n'hésita pas, il leur livra une bataille qu'il perdit.

Malheureusement cet échec ne fut pas le seul. Pendant une période assez longue, constamment trahi par la fortune, le général en chef de la défense nationale fut battu successivement à Long-Island, Trenton, Brandywine, Montmouth, partout enfin où il rencontra l'ennemi. Mais Washington avait une constance à toute épreuve, et le mérite très rare d'inspirer la confiance même aux troupes qui venaient d'être cruellement atteintes. Il avait aussi l'art d'empêcher que la défaite ne dégénérât en déroute. Faisant retraite en bon ordre, confiant dans le succès final et possédant sur ses hommes un grand empire moral, il parvenait toujours à s'échapper sous le couvert des bois dont le pays abonde; là, reformant ses bataillons décimés, il revenait bientôt à la charge et réussissait souvent à porter des coups terribles à l'ennemi.

Certes ce n'étaient pas là des faits d'armes ordinaires. Il y a même dans cette attitude d'un général trahi par la fortune, mais supérieur à ses coups, dominant l'adversité par son ascendant moral et sa fermeté, quelque chose qui frappe, étonne et confond. C'est quelque chose de se tirer d'une défaite victorieux par la pensée qui se réserve une revanche et par l'action qui la prépare; mais se tirer d'une série de défaites sans jamais être ni accablé, ni même troublé; ne jamais se laisser se dissoudre son armée, mais en sauver une partie et la reconstituer en très peu de temps de façon à la rendre victorieuse plus tard, voilà ce qui se voit rarement, et voilà ce que Washington, qui n'était peut-être pas un bien grand homme de guerre, sut faire admirablement.

Battant en retraite et pressé par les Anglais, il s'était retranché derrière le fleuve Delaware, en Pensylvanie, après avoir été obligé d'abandonner l'État de New-York et du New-Jersey à ses adversaires. Son armée, qui au commencement de la guerre s'élevait à 30,000 hommes, avait été réduite, par suite de ses défaites, à environ 3,000.

Les soldats, mal payés, mal nourris et mal vêtus, commençaient à être ébranlés dans leur confiance. Plusieurs n'avaient ni vêtement ni chaussure. On murmurait au camp; on citait même des soldats qui avaient passé du côté des Anglais. Toutefois, la présence du général en chef suffisait pour ramener le courage et la foi dans les cœurs. Le Congrès continental, alarmé de l'état précaire où l'armée avait été réduite, s'assembla, vota des renforts à Washington et désigna un jour de jeûne et de prière, recommandant à toute la nation de s'y associer. Washington, de son côté, résolut de faire un effort pour relever le moral de son armée campant à ciel ouvert, au cœur de l'hiver et par un froid des plus intenses.

Vers la fin de décembre 1776, il traversa de nouveau la Delaware, entra dans le New-Jersey et se porta à la rencontre d'un corps d'armée allemand, soudoyé par l'Angleterre, qui s'avançait du côté de Trenton. Arrivé en vue de leur camp, Washington, se dressant sur ses étriers, dit à ses soldats : « Mes braves amis, voici les ennemis de votre patrie; et maintenant tout ce que j'ai à vous dire, c'est que vous vous rappeliez que vous combattez pour elle. En avant ! »

Les soldats américains, enflammés par la présence et les paroles de leur général, se précipitèrent sur les Allemands, et les mirent en déroute. Ils prirent six pièces de canons, une quantité de fusils et mille prisonniers. Cette affaire et la victoire du général Gates, qui réussit à faire le général anglais Burgoyne prisonnier, releva le courage des Américains.

L'année suivante, la campagne se continua sous d'assez tristes auspices. Washington, battu de nouveau à Brandywine et à Germantown, avait évacué Philadelphie, qui était tombé au pouvoir des Anglais. Il se retira alors à 30 kilomètres de distance de cette ville, à Valley-Forge, où il se mit à construire un camp retranché. Ce fut dans ce camp, et tout en s'occupant du soin de renforcer son armée, que la nouvelle du traité avec la France parvint à Washington. Ce traité liait la France aux États-Unis et leur assurait son concours jusqu'à leur complète indépendance. Partout il fut reçu avec une vive allégresse. L'Amérique tout entière se leva pour célébrer par des réjouissances un acte qui, virtuellement, mettait le sceau à l'indépendance des colonies.

Dès lors la fortune parut sourire aux Américains. Les Anglais évacuèrent Philadelphie. Washington sortit de son camp de Valley-Forge et se remit à leur poursuite. L'amiral français comte d'Estaing était venu s'embosser à l'embouchure de l'Hudson, de façon à empêcher l'ennemi de s'emparer de nouveau de la ville de New-York, celui-ci porta le ravage dans l'État de New-Jersey, qu'il convertit en une vaste solitude. Les deux campagnes de 1779 et de 1780 ne produisirent aucun résultat remarquable. Celle de 1780 fut marqué par un événement néfaste. Les ressources financières du pays étaient épuisées. Officiers et soldats ne recevaient plus leur paye; beaucoup d'entre eux n'avaient pas même de vêtements pour se couvrir. Le Congrès était à bout de ressources. Sur ces entrefaites, trente et un soldats préposés à la garde d'un fort, et dont le courage était probablement à bout, désertèrent. Deux régiments du Connecticut imitèrent leur exemple. Mais les officiers finirent par les ramener, et ils retournèrent au camp. Quant aux soldats du fort, la moitié d'entre eux fut passée par les armes.

Dans ces circonstances critiques et au moment où tous les regards se tournaient avec anxiété vers lui, Washington se montra, par son esprit inventif, son activité et son courage, au niveau des plus grands généraux de l'antiquité et des temps modernes. Il avait frappé à bien des portes pour se procurer des vivres, de l'argent; les magistrats du comté, les maires et les juges de paix, l'avaient secondé de leur mieux; mais les ressources du pays, peu peuplé à cette époque, avaient été épuisées. Un comité du Congrès s'était même présenté au camp, et il avait pu s'assurer que depuis cinq mois les soldats et les officiers n'avaient pas touché un sou, que leur approvisionnement ne s'étendait jamais au delà de six jours et qu'en plusieurs occasions ils avaient manqué de viande.

Point de foin dans les écuries, point de médicaments dans les ambulances; ni sucre, ni thé, ni chocolat, ni vin, ni liqueurs, et, pour comble de malheur, l'administration et les intendances étaient sans crédit. Que faire en pareille occurrence? Malgré ces embarras incroyables, Washington parvint, par le seul ascendant de son caractère, à surmonter les difficultés et à dominer la situation. Non seulement il sut maintenir l'esprit d'ordre et de subordination chez ses soldats; mais il sut tirer de leurs souffrances une force morale, en leur montrant rayonnantes de grandeur la liberté et l'indépendance de la patrie, sortant des privations et des sacrifices auxquels ils étaient en proie. Enfin quelques villes vinrent au secours du Congrès. Philadelphie, entre autres, vota près de deux millions de secours à l'armée, et tout fut sauvé.

Tant de courage, une abnégation si complète, reçurent leur récompense. L'année suivante, 1781, les armées combinées de la France et des États-Unis se rencontrèrent à York-Town, en Virginie, et forcèrent le général anglais Cornwallis à capituler. Ce fait d'armes fut comme le dénouement de la guerre. L'année suivante, des négociations furent engagées avec l'Angleterre pour l'établissement de la paix, qui fut conclue en 1783. L'indépendance des colonies était reconnue.

Ce fut sur ces assises souvent tremblantes, souvent menacées d'effondrement, et au milieu des péripéties les plus cruelles, que Washington parvint à fonder un gouvernement nouveau et à faire pénétrer les grands principes républicains dans l'esprit et le cœur de ses concitoyens. Cette guerre de sept ans, durant laquelle il fut éprouvé d'une façon si cruelle et où plus d'une fois la fortune le trahit, avait uni les treize colonies jusqu'alors divisées, et les avait ralliées autour d'une cause commune. Elle avait fait surgir enfin de l'association formée sous l'oppression et scellée par le sang, une nationalité nouvelle. Sans cette guerre, sans ces épreuves par où toutes les grandes causes ont à passer afin de se purifier par la souffrance, la République n'eût jamais vu le jour. Elle aurait succombé au premier choc dans sa lutte avec l'Angleterre, ou bien elle se serait épuisée dans des divisions intestines, tout comme les républiques de l'Amérique du Sud.

La cause de l'indépendance une fois gagnée, George Washington s'en vint remettre son épée et sa commission de général en chef au Congrès continental, de qui il tenait ses pouvoirs. Les paroles qu'il prononça à cette occasion sont empreintes d'une noble simplicité, qui contraste singulièrement avec le langage des princes préoccupés du soin de faire valoir leurs personnes ou leurs services. « Je viens, dit-il, déposer devant le Congrès, que je remercie de sa confiance, la commission que j'ai reçue de ses mains, il y a sept ans, au début de la guerre. Ma tâche étant accomplie, je n'ai plus qu'un seul désir; celui de me retirer dans la vie privée, et d'achever dans l'obscurité les jours qui me sont comptés par la Providence. »

A cette déclaration, le Congrès vota, séance tenante, des remerciements au général George Washington, déclarant qu'il avait bien mérité de la patrie. Les législatures locales, de leur côté, lui envoyèrent l'expression de leur gratitude et des vœux pour sa prospérité,

Ce ne fut que six années plus tard, en 1789, que les États-Unis se donnèrent une constitution et que Washington fut nommé président, à l'unanimité des votes. Il resta au pouvoir pendant huit ans, c'est-à-dire pendant deux termes présidentiels. Il eût pu, s'il l'eût voulu, obtenir la présidence à vie, car, à cette époque, il n'était pas un citoyen qui ne lui eût voté un mandat perpétuel.

Mais Washington était un homme modeste, peu ambitieux, qui cherchait plutôt à sortir du pouvoir qu'à y entrer, et qui avait assez fait pour sa patrie pour obtenir d'elle la seule récompense que recherche l'homme de bien à la fin de sa carrière, le repos. Il savait bien, comme tous ceux que la nature a doués d'un grand bon sens et d'une sérénité inaltérable de conscience, que l'homme le plus utile à ses semblables n'est pas celui qui brille au plus haut rang; que la grandeur est un fardeau ; et que le pouvoir gêne souvent, plutôt qu'il n'aide, ceux qui cherchent le bien et qui le veulent dans toutes les forces de leur âme.

Aussi, après comme avant la guerre, Washington se hâta-t-il de se soustraire à la responsabilité dont il avait été investi par ses concitoyens. Il fit de même pour la présidence. A peine au pouvoir, il se mit en devoir d'être prêt à le quitter à l'expiration de sa magistrature. Il fallut les instances pressantes de ses compatriotes pour le décider à accepter le renouvellement de son mandat. Lorsqu'il l'eut rempli, tous les efforts de ses amis ne purent le résoudre à garder la présidence. Il mourut deux années après, pleuré de ses compatriotes, qu'il avait affranchis du joug, et auxquels il laissait les deux plus grands biens du monde : l'indépendance et la liberté.

E. Farrenc.

(Extrait du *Journal officiel* du 24 octobre 1870.)

(N° 4) LE SIÈGE DE STRASBOURG EN 1870

Les Allemands qu'on accuse quelquefois de lenteur, ont montré, au contraire, dans la campagne qu'ils ont entreprise contre la France, qu'ils savent à merveille le prix du temps. Toutes leurs opérations se font, depuis l'origine, avec autant de rapidité que de précision. Ils connaissaient la situation de la France et celle de Strasbourg en particulier; ils savaient que nulle part nous n'étions préparés à la défense; qu'en se pressant ils allaient prendre au dépourvu la ville assiégée, et ils ne perdirent pas un jour pour l'investir. Rien, en effet, à Strasbourg, n'était prévu pour un siège.

Le lendemain du combat de Wissembourg, le maréchal Mac-Mahon, en marchant au secours de la division Douay, si maltraitée, avait emmené avec lui toutes les forces et toute l'artillerie disponibles. Son désastre enlevait à la ville une partie des défenseurs sur lesquels elle eût dû compter. Heureusement trois mille hommes de toutes armes y rentraient après la journée de Reichshoffen et comblaient les vides de l'armée du Rhin, on venait d'emmagasiner des céréales et de parquer des bestiaux derrière les remparts. Enfin un homme résolu, dont toute la France connaît aujourd'hui et honore le nom, le général Ulrich, communiquait partout autour de lui l'énergie patriotique dont il était animé.

Quelques jours plus tard, un excellent général d'artillerie, M. de Barral, pénétrait dans la place à travers les lignes d'investissement et offrait à la défense le plus utile concours; mais ce qui faisait surtout la force de Strasbourg, c'était le patriotisme et l'esprit militaire de ses habitants. Ils sentaient que leur nationalité était en jeu, qu'il s'agissait pour eux d'être conquis ou de demeurer Français. Habitués à vivre dans une ville de guerre, comptant dans leurs rangs beaucoup d'anciens soldats, la perspective de la lutte ne les effrayait point, et le maniement des armes n'étonnait point leur courage. La garde nationale s'organisa ainsi à l'improviste, par nécessité, sous le feu, et fournit à la garnison non seulement des hommes capables d'opérer des sorties, mais d'habiles artilleurs.

Une seule difficulté pouvait gêner les défenseurs, la présence dans les murs de toute la population civile, qui, surprise par la rapidité de l'attaque, n'avait pu chercher un refuge hors de la ville. Les malades, les gens âgés, les femmes, les enfants au berceau, restaient encore et allaient subir les rigueurs du siège. Le temps manquait pour les faire sortir; où les conduire d'ailleurs? La rive allemande, de l'autre côté du Rhin, était interdite aux Français, la campagne n'était pas sûre; on y pouvait rencontrer des cavaliers prussiens. Complètement intercepté du côté de Wissembourg, d'Haguenau, de Saverne, le chemin de fer n'offrait de débouché que vers la Haute-Alsace et menaçait déjà de suspendre absolument le départ de ses trains. Dès le 8 août, c'est-à-dire le surlendemain de la bataille de Reichshoffen, on faisait sauter le petit tunnel qui passe sous les remparts. Le même jour, le crieur municipal annonçait dans les rues comme un événement extraordinaire, et qui ne se renouvellerait peut-être plus, le départ d'un train pour Mulhouse et pour Paris.

La population civile se trouvait ainsi bloquée sans avoir eu le temps de se reconnaître ni de prendre un parti. Quelques-uns s'en inquiétaient, en pensant à la difficulté de nourrir tant de bouches, aux épreuves qui attendaient tant d'êtres faibles; mais un espoir vivace restait au fond des cœurs : on comptait sur des secours rapides et puissants, sur un retour offensif de nos armées victorieuses; on ne se figurait pas que la ville de Strasbourg pût être abandonnée du reste de la France! On pensait, d'ailleurs, que les principales horreurs de la guerre seraient épargnées aux habitants inoffensifs; que les remparts seuls seraient battus en brèche: on se préparait à une lutte où les lois de l'humanité seraient respectées. Personne parmi les plus pessimistes n'aurait osé prévoir le sort qui attendait la population civile, les horribles ravages qui menaçaient la cité. On se rassurait peut-être d'autant plus que l'armée de siège se composait en grande partie de Badois, c'est-à-dire de voisins qui vivent de la France, avec lesquels les Alsaciens échangent chaque jour les relations les plus amicales, qui apportent sur les marchés de l'Alsace leurs denrées, les produits de leur sol, en échange de l'argent français, qui tous les étés reçoivent dans leurs villes d'eaux, dans leurs nombreuses stations thermales, dans les auberges et les riants villages de la Forêt-Noire une véritable colonie française. Comment se figurer que ces amis, ces hôtes de la veille se transformeraient tout à coup en ennemis implacables et acharnés?

Du reste, l'illusion dura peu, il fallut bientôt reconnaître qu'on subissait une guerre sans pitié, et que, du côté des assiégeants, toute considération philanthropique serait sacrifiée à la résolution arrêtée de prendre la ville dans le plus bref délai possible.

Les travaux d'investissement et les opérations qui précèdent un siège se poursuivaient avec activité. Un général plus vigoureux, M. de Werder, remplaçait le commandant des troupes badoises, M. de Beyer, qu'on disait malade, mais que le gouvernement prussien soupçonnait peut-être de trop de mollesse ou de générosité.

Le nouveau commandant montra tout de suite qu'il ne reculerait pas devant les mesures les plus énergiques, qu'il ne se laisserait point arrêter par les règles ordinaires du droit des gens; il mit en réquisition les habitants des environs de Strasbourg pour travailler aux ouvrages de siège. Ce fait, attesté par de nombreuses correspondances, précise dès le début le caractère de la lutte engagée.

Toute l'histoire du siège en contiendra de semblables, nous les relèverons avec un sentiment douloureux, sans rien exagérer, sans vouloir envenimer les haines, ni surtout provoquer les représailles; mais en livrant la conduite de nos ennemis au jugement du monde civilisé, au jugement de l'Allemagne elle-même, lorsque, revenue de l'enivrement de ses succès, celle-ci examinera son œuvre. Peut-être alors les esprits élevés qu'elle renferme, ces penseurs, ces historiens, ces philosophes dont la France n'a jamais parlé qu'avec égard, s'élevant au-dessus des préjugés nationaux, jugeront-ils aussi sévèrement que nous-mêmes, et avec des regrets plus amers, des actes que leur patriotisme voudrait effacer de l'histoire de leur pays, mais que rien désormais n'arrachera plus de la mémoire des hommes, et dont le souvenir durera aussi longtemps que le nom de Strasbourg.

Les horreurs que nous allons retracer maintenant éveillent dans l'âme un sentiment d'autant plus pénible que nos ennemis eux-mêmes sont forcés d'en reconnaître l'absolue inutilité. Leur cruel calcul s'est retourné contre eux. La mutilation et la ruine de Strasbourg n'ont pas avancé d'une heure la reddition de la place. Au lieu d'abattre les courages, comme le présumait l'assaillant, tant d'actes barbares accomplis gratuitement, poursuivis de sang-froid pendant plusieurs semaines, ont au contraire, excité dans toute la population le plus grand désir de se défendre et exaspéré la résistance.

Ce fut le 15 août au soir que les habitants de la ville assiégée subirent la première attaque. Comme c'est l'usage durant les belles soirées d'été, la foule remplissait les rues, attendant avec impatience les nouvelles du dehors, mais plus disposée à l'espérance qu'à l'inquiétude, lorsque des sons stridents fendirent l'air et annoncèrent le passage de quelques projectiles. Le lendemain on apprit avec indignation que la cathédrale avait servi de point de mire aux artilleurs ennemis, que deux femmes avaient été tuées et plusieurs enfants écrasés dans leur lit par des éclats d'obus. Contrairement aux lois les plus sacrées de la guerre, cet essai de bombardement n'avait point été signifié aux assiégés. Les Allemands prétendirent qu'ils avaient voulu célébrer à leur manière la fête de l'Empereur et tirer un feu d'artifice en l'honneur du 15 août. Le général Ulrich, outré qu'on tournât en plaisanterie un tel acte d'inhumanité, déclara que, dans le cas où le feu de l'ennemi serait encore dirigé contre les habitants, il commencerait le bombardement de Kehl. Il tint parole, et les jours suivants, quelques maisons ayant été brûlées dans Strasbourg, il couvrit d'obus la ville allemande de l'autre côté du Rhin.

Jusqu'au 23 août, le assiégeants firent peu de mal à la place assiégée. Ils ne se servaient que de leur artillerie de campagne : leurs pièces de siège n'étaient pas encore arrivées; mais le 24 au soir, lorsque celles-ci furent mises en position, ils ouvrirent contre la ville un feu terrible.

Cette nuit-là, entre neuf heures du soir et six heures du matin, une pluie d'obus tomba sur Strasbourg et y causa d'irréparables désastres. En quelques heures, le centre de la cité, les plus riches maisons, le quartier de Broglie furent en flammes. L'incendie éclatait presque en même temps au gymnase protestant, au Temple-Neuf, à la Bibliothèque. Dès qu'on vit les projectiles s'abattre sur ce dernier édifice, une poignante douleur s'empara des assistants à la pensée du péril que couraient tant de richesses; tout le monde s'élança pour les sauver, et d'énergiques efforts portèrent les pompes jusqu'au brasier :

mais les canons ennemis, concentrant tous leurs feux sur le même point avec une redoutable précision, écartèrent les travailleurs jusqu'à ce que l'œuvre de destruction fût accomplie. Vers minuit, il ne restait plus aucun espoir de sauver un seul volume. Plus de 500 habitants assistaient, désespérés et impuissants, à la ruine d'un de ces monuments qui ne sont pas seulement la propriété d'une ville, mais qui appartiennent au monde civilisé.

Si, comme on le craint, rien n'a échappé à l'incendie de la bibliothèque de Strasbourg, de précieuses collections sont à jamais perdues pour la science, entre autres six cents volumes imprimés en Alsace dans la première période de l'imprimerie, c'est-à-dire l'histoire originale du commencement de la typographie, monument unique dans le monde, qui intéressait la gloire de l'Allemagne aussi bien que la nôtre et que des mains allemandes ont détruit pour jamais.

Ainsi, en quelques minutes, sans aucune nécessité stratégique, par la main d'un soldat opiniâtre, la savante et studieuse Allemagne venait d'anéantir le fruit de tant de travaux, ce que pendant des siècles avaient rassemblé la science, le goût, l'intelligence d'un grand nombre d'esprits cultivés, une bibliothèque hospitalière, libéralement ouverte aux savants de l'univers entier, où chaque année des étudiants et des professeurs d'origine germanique venaient s'asseoir avec respect, consulter des livres rares, restituer quelque page inédite de l'histoire du passé!

Ne soyons plus si fiers après cela de la civilisation moderne, ne parlons plus dans nos écoles de la barbarie des Arabes qui brûlaient les bibliothèques. La barbarie revient parmi nous, et c'est le peuple le plus instruit, le plus cultivé de l'Europe qui nous la ramène. Est-ce donc pour aboutir à de tels exploits que l'on pousse si loin en Allemagne l'instruction populaire, qu'on y honore partout le travail de l'esprit comme le plus noble emploi des facultés humaines?

Les Allemands chercheraient vainement une excuse, ils attribueraient vainement à une erreur d'artillerie une œuvre de destruction accomplie *de sang-froid, de propos délibéré, à dessein.* On connaît l'exactitude minutieuse de leurs cartes militaires. Leurs coups ne portaient donc pas au hasard. Ils savaient à merveille, aussi bien que nous-mêmes, qu'aucune caserne, aucun arsenal, aucun établissement de guerre ne se trouvait dans le voisinage de la bibliothèque de Strasbourg. Les Badois, qui assiégeaient la ville, en sont les fournisseurs habituels, y vont chaque jour en temps de paix, en connaissent les différents quartiers aussi bien que les habitants eux-mêmes et auraient pu désigner à leurs artilleurs jusqu'à l'emplacement des maisons particulières. Ils ont donc brûlé sciemment et volontairement un édifice qu'ils savaient situé entre le Temple-Neuf et le gymnase protestant, transformé en ambulance, protégé par le drapeau international. Leurs obus incendiaient en même temps un établissement religieux, un établissement scientifique et un hôpital!

La terrible nuit du 24 août ne détruisit pas seulement dans la ville assiégée la bibliothèque et les bâtiments voisins. Une maison historique, la maison Scheidecker, la rue du Dôme, le musée de peinture, l'arsenal, la moitié du quartier de la Krutenau, prenaient feu en même temps.

La nuit suivante, les cris du guetteur annonçaient à la ville épouvantée qu'un nouveau et plus terrible malheur la menaçait. **La Cathédrale** elle-même, l'honneur et l'orgueil de Strasbourg s'enflammait sous les coups répétés des obus allemands. Le feu éclatait dans la charpente de bois qui s'étend depuis l'emplacement de l'ancien télégraphe jusqu'à la nef. Le toit de zinc qui recouvre cette charpente fondait sous la violence de l'incendie, et, en présence de la population impuissante, lançait des tourbillons de flammes blanches au-dessus de la plate-forme jusqu'à la flèche. Le lendemain des fragments de colonnes, des statuettes, des pierres énormes détachées de l'édifice, de nombreux débris d'ornements d'architecture, jonchaient la place du Dôme. Quand le bombardement se ralentit les jours suivants, et que l'on compta les blessures de la cathédrale, on trouva l'orgue, la célèbre horloge astronomique et l'autel détruits, la rosace, une merveille d'élégance, percée en plusieurs endroits, la plate-forme entamée, le clocheton du transept démoli. La nef s'effondra dans la journée du 27 août. La punition de l'Allemagne sera de ne pouvoir jamais réparer le mal qu'ont fait ses canons. Les cicatrices de la guerre resteront ineffaçables sur les flancs du noble édifice.

Jusqu'au 28 août, le bombardement continua toutes les nuits avec la même fureur. Les incendies s'allumaient de tous côtés, et presque nulle part on ne pouvait les éteindre parce que les artilleurs ennemis lançaient avec acharnement leurs projectiles sur le même point pour entretenir et activer le feu. L'**Hôpital civil** ne fut même pas épargné, malgré les trois drapeaux d'ambulance qui flottaient à une grande hauteur au-dessus des murailles. Un obus pénétra et éclata dans la salle des accouchées. On vit alors un spectacle horrible : les malades se traîner hors de leur lit pour fuir, et des amputés eux-mêmes se rouler dans les escaliers pour se mettre à l'abri. Quelques jours auparavant, dans un pensionnat tenu par des religieuses, sept jeunes filles avaient été tuées, quatre avaient eu les jambes brisées par des éclats d'obus. Beaucoup de rues de la ville étaient jonchées de débris. Les toits pointus et chargés d'étages qui caractérisent l'architecture locale offraient aux canonniers ennemis un facile point de mire. De toutes parts on voyait ces hautes charpentes fumer, s'affaisser et entraîner dans leur chute les cheminées hardies sur lesquelles nichent les cigognes. Quelques façades mutilées restaient debout au milieu des ruines. Près de la cathédrale, une vieille maison de bois subsistait encore, mais en général, les maisons atteintes par le feu étaient brûlées jusqu'au ras du sol, quelquefois jusque dans l'intérieur des caves.

L'artillerie de la ville ne pouvait malheureusement démonter les pièces de siège, masquées par des épaulements, ni même atteindre les artilleurs ennemis, qui ne tiraient que la nuit et reculaient pendant le jour hors de la portée des canons. Les feux convergeaient sur la place de trois points différents, de Schiltigheim, d'Otswald et de Kehl. Avec une précision géométrique et d'après une consigne évidente, les batteries établies sur ces trois points ne dirigeaient leurs obus que sur la ville elle-même, sur les demeures des habitants. Après cet effroyable bombardement, aucun défenseur n'avait été tué aux remparts ; les murs, les palissades, les portes des fortifications étaient intacts. On ne pouvait plus douter que l'intention des assiégeants ne fût d'épouvanter la population civile et de la forcer à capituler par la terreur.

La situation, en effet, était terrible : 80,000 personnes de tout âge et de toute condition, parmi lesquelles se trouvaient beaucoup de femmes et d'enfants, passaient le jour dans le rez-de-chaussée des maisons encore debout, derrière les fenêtres barricadées avec des matelas, et la nuit sous les voûtes des égouts et des caves où les gémissements des malades, les exclamations de frayeur des femmes âgées, les cris des enfants, ne permettaient aucun repos. Chaque matin, cette population épuisée allait compter les ruines que la nuit avait faites, et chaque soir elle se retrouvait plus abattue, plus triste encore que la veille.

Le général Uhrich, prévoyant ces douleurs et pris d'une immense pitié, avait envoyé en parlementaire un de ses officiers au général ennemi pour demander à faire sortir de la ville les femmes et les enfants. Le général de Werder lui répondit par un refus, en alléguant avec cynisme que la ville ne pourrait pas se rendre si les femmes et les enfants en sortaient. Évidemment il ne se croyait tenu qu'à un devoir militaire, au devoir de prendre la place. Les obligations morales et humaines ne le regardaient point. Il ne se départit pas de sa rigoureuse consigne, lorsque l'Évêque de Strasbourg, revêtu de ses ornements sacerdotaux, alla lui demander au nom de la religion d'épargner la population civile, de ne tirer que sur les remparts et sur la forteresse. On sait que l'Évêque inconsolable de n'avoir pu prévenir de nouveaux désastres, accablé par la vue des souffrances auxquelles il assistait, mourut de chagrin quelques jours après.

Il était réservé à une nation voisine et amie, qui a toujours entretenu avec l'Alsace d'étroites relations, de faire rougir les Allemands de leur inhumanité et d'adoucir le sort de Strasbourg. Beaucoup de citoyens suisses, dont nous ne saurions trop honorer la généreuse initiative, aussitôt qu'ils apprirent ce que souffraient les Strasbourgeois, formèrent un comité pour les secourir. En témoignant à la noble république toute notre reconnaissance pour des procédés si humains, nous ne pouvons nous empêcher de penser avec tristesse à l'inaction de quelques puissances qui nous devaient davantage, pour lesquelles nous avons versé notre sang dans des jours plus heureux, et qui aujourd'hui regardent nos désastres avec indifférence !

Qui nous eût dit le lendemain d'Inkermann et le lendemain de Solferino qu'un jour l'Angleterre et l'Italie assisteraient à nos malheurs non seulement sans tirer l'épée pour nous défendre, mais sans même essayer de suspendre, par une action diplomatique, la marche de nos ennemis ?

Un mois encore après les effroyables désastres du bombardement, Strasbourg résista. Contre l'attente du général de Werder, la souffrance avait irrité les courages au lieu de les abattre. Sous la menace des obus, au fond des caves, personne ne demandait à capituler. On avait tant souffert qu'on défiait le malheur. Et cependant au prix de quelles nouvelles épreuves le siège se prolongea-t-il ? Nous le devinerons d'après le témoignagne d'une dame russe qui, sortie de Strasbourg le 4 septembre, annonçait à un journal anglais qu'il ne restait plus dans la ville que pour huit jours de vivres. Nous apprendrons un jour par quels prodiges, une population à laquelle le pain devait manquer le 12 septembre, a pu tenir jusqu'au 28. Nous saurons aussi tout ce qu'ont fait à plusieurs reprises le généra Uhrich, son intrépide garnison et les habitants armés, pour percer les lignes ennemies. Le 3 et le 9 septembre, de sanglantes sorties avaient été tentées. Le 27 encore, avant de capituler, les assiégés essayaient jusqu'à trois fois de se frayer un passage. Ils ne se sont rendus qu'après avoir épuisé leurs vivres, leurs munitions, et perdu sous le feu plus de 4,000 des leurs.

En terminant la douloureuse histoire du siège de Strasbourg, on se demande nécessairement à quoi sert au vainqueur une telle victoire, ce qu'il en espère, quels profits matériels en compenseront pour lui le dommage moral. Si, contre notre espoir et contre la volonté unanime de la France, la Prusse gardait l'Alsace, elle y aurait excité un ressentiment implacable, elle aurait attaché aux flancs de l'Allemagne une Pologne ou une Vénétie. Si, au contraire, comme nous l'espérons, l'Alsace reste française, quels sentiments de bon voisinage existeront désormais entre les Allemands, destructeurs de Strasbourg, et les habitants de la ville détruite? L'Allemagne paie d'ailleurs son succès un trop haut prix pour ne pas le regretter un jour. Elle y perd en même temps l'estime du monde civilisé, et, ce qui ne vaut pas moins, sa propre estime.

Strasbourg a succombé. Mais qui ne préférerait le rôle du vaincu à celui du vainqueur? La postérité ne se souviendra des vainqueurs qu'avec un sentiment douloureux, tandis qu'elle honorera comme nous l'honorons aujourd'hui, la généreuse population, qui a souffert tant de maux pour demeurer française.

Il y a là un exemple qui s'impose à nous. Le peuple de Paris a montré qu'il sentait comme Strasbourg, en défilant sur la place de la Concorde, et déposant des drapeaux et des couronnes aux pieds de la statue qui représente cette noble cité. Il faut maintenant que nous agissions avec autant de courage, avec autant d'énergie que les Strasbourgeois. Nous n'aurons pas sans doute les mêmes épreuves à traverser, nous ne subirons ni un bombardement ni un assaut. Mais un autre combat nous attend, le combat de la délivrance en dehors de notre enceinte et de nos forts. Marchons-y résolument sans faillir, en nous rappelant ce qu'ont fait pour notre cause commune les habitants de l'Alsace. Et s'il fallait un jour que Paris fût attaqué, si les boulets prussiens arrivent jamais jusqu'à nos remparts et jusqu'à nos maisons, n'oublions pas que Strasbourg nous a dicté d'avance notre devoir et nos actes.

A. Mézières.

(*Revue des Deux Mondes* du 15 octobre 1870.)

(N° 5)

CARNOT

ORGANISATION DE LA VICTOIRE

Quand le comité de salut public fut créé et organisé, la situation de la France, que l'on avait pu croire plus d'une fois au paroxysme du péril, s'était encore aggravée et s'aggravait tous les jours. L'Ouest et le Midi de la République étaient en feu; Toulon menaçait d'ouvrir ses portes aux Anglais; Caen et Bordeaux étaient insurgés; Lyon était assiégé par une armée française. D'autre part, Condé, Mayence, Valenciennes étaient tombés au pouvoir de l'ennemi; les Espagnols avaient pris Bellegarde; les Autrichiens investissaient Maubeuge; un corps de leurs troupes était assis entre Péronne et Saint-Quentin. Soixante départements, les deux tiers de la République, étaient ou envahis par l'étranger ou en proie aux insurrections royalistes et girondines.

Carnot fut adjoint au comité le 14 août 1793. Le surlendemain, la levée en masse fut décrétée; le 27, une loi rédigée par Barrère fut adoptée: elle organisait la réquisition permanente de tous les Français pour la défense de la patrie. Il faut remettre sous les yeux de la génération de 1870 le texte de ces paroles enflammées qui transportèrent nos pères d'enthousiasme et ramenèrent la victoire sous les drapeaux de la République :

« Les jeunes gens iront au combat; les hommes mariés forgeront les armes et transporteront les subsistances; les femmes feront des tentes, des habits, et serviront dans les hôpitaux; les enfants mettront le linge en charpie; les vieillards se feront porter sur les places publiques pour exciter le courage des guerriers, prêcher la haine des rois et l'unité de la République.

» Les maisons nationales seront converties en casernes, les places publiques en ateliers d'armes; le sol des caves sera lessivé pour en extraire le salpêtre.

» Les armes de calibre seront exclusivement remises à ceux qui marcheront à l'ennemi : le service de l'intérieur se fera avec des fusils de chasse et à l'arme blanche.

» Les chevaux de selle seront requis pour compléter les corps de cavalerie; les chevaux de trait et autres que ceux employés à l'agriculture conduiront l'artillerie et les vivres.

« Le comité de salut public est chargé de prendre les mesures nécessaires pour établir sans délai une fabrication extraordinaire d'armes en tous genres, qui réponde à l'élan et à l'énergie du peuple français. »

C'était la fièvre, fièvre heureuse et réparatrice qui rendit la santé, la force, la vie au corps malade, épuisé, moribond de la nation.

Se lever en masse sans réorganiser et unifier l'armée n'eût été que s'exposer à se faire battre et exterminer en masse. Carnot s'appliqua tout entier à donner un caractère homogène à un ensemble si nombreux et formé d'éléments si disparates. Par ses soins et par ceux de tous les hommes qui s'employèrent avec lui à cette œuvre salutaire, l'effectif des armées françaises de février à mai 1793, s'augmenta de 193,000 hommes; le 15 juillet de la même année, il s'était encore accru de 86,000 hommes et s'élevait à 483,000. En décembre 1793, il y eut 554,000 soldats sous les drapeaux, 732,000 sur les champs de bataille en septembre 1794.

« Rien ne peut effacer cette vérité historique, a dit Benjamin Constant, que la Convention a trouvé l'ennemi à trente lieues de Paris, et qu'on a dû à ses prodigieux efforts de conclure la paix à trente lieues de Vienne. »

Plus de 1,000 canons de fusils étaient fabriqués chaque jour par les 258 forges disséminées dans Paris, sur l'esplanade des Invalides, dans le jardin du Luxembourg, sur la place de l'Indivisibilité, et Carnot put dire dans son compte rendu à la Convention :

« La France, jadis tributaire de ses propres ennemis pour les objets de première nécessité relatifs à sa défense, non seulement trouvera dans son sein des fusils pour armer tous les républicains qui l'habitent, mais elle sera bientôt en état d'en vendre aux étrangers; elle sera le grand magasin où les peuples qui voudront recouvrer leurs droits viendront se pourvoir des moyens d'exterminer leurs tyrans; et Paris, jadis séjour de la mollesse et de la frivolité, pourra se glorifier du titre immortel d'arsenal des peuples libres. »

Nous ne pouvons nous empêcher de rapprocher la salutaire métamorphose dont parle Carnot de celle que nous venons de voir s'opérer si heureusement sous nos yeux. Dans les dernières années de l'ancienne monarchie, comme pendant les jours néfastes du second empire, le génie de la France s'était obscurci, et Paris, phare puissant qui illuminait l'Europe et le monde, ardent foyer où bouillonnaient les idées qui renouvelaient la face de la terre, Paris était devenu la *petite maison* des viveurs de l'Occident et de l'Orient. Tout à coup, aujourd'hui comme alors, sous la pression d'événements formidables, sous le coup de l'insulte et de la menace prodigués à la patrie, le voile s'est déchiré, l'odieux charme s'est rompu, la France s'est retrouvée, Paris s'est relevé; il est devenu un camp, une armée, une forteresse. Mais la supériorité que le temps présent a sur le temps passé, c'est que le changement auquel nous assistons a pu s'accomplir sans violence, et que le déploiement de la force nationale se bornera uniquement cette fois à la délivrance du territoire de la République. La République française, rétablie le 4 septembre 1870 sans qu'une goutte de sang ait été répandue, sans qu'une larme ait été versée, n'a besoin, pour rayonner sur le monde, que de la pacifique et glorieuse influence de l'exemple. Sachons être heureux ; tous les peuples s'empresseront de nous imiter d'eux-mêmes, et les forces de chacun s'accroîtront par l'union de tous.

L'enfantement rapide de tant de moyens de défense et d'attaque en hommes et en matériel serait demeuré inutile, si en même temps l'on n'avait créé un nouveau système de guerre, la guerre révolutionnaire.

En mars 1793, Grimoard écrivait au comité de défense générale : « Le moyen le plus simple de suppléer, autant que possible, à l'art par le nombre, est de faire une guerre de masse, c'est-à-dire de diriger toujours sur les points d'attaque le plus de troupes et d'artillerie qu'on pourra, d'exiger que les généraux soient constamment à la tête des soldats, pour leur donner l'exemple du dévouement et du courage, et d'habituer les uns et les autres à ne jamais calculer le nombre des ennemis, mais à se jeter brusquement dessus à coups de baïonnette, sans songer ni à tirailler ni à faire des manœuvres auxquelles les troupes françaises ne sont nullement exercées ni même préparées. »

Carnot ne borna pas toujours à diriger de son cabinet des Tuileries les opérations de la guerre. Houchard, en désobéissant aux ordres du comité, en laissant trente mille hommes dans les camps et en ne marchant qu'avec vingt-cinq mille hommes, avait permis à Cobourg de reprendre l'offensive. Maubeuge était bloqué, la route de Paris était ouverte ; le péril était imminent. Il s'agissait de débloquer Maubeuge ou d'exposer la République à périr. Le comité dit à la Convention : « Nous avons écrit aux généraux de se battre en masse ; ils ne l'ont pas fait ; nous avons eu des revers. » Houchard fut envoyé devant le tribunal révolutionnaire. On lui donna Jourdan pour successeur ; mais Jourdan n'avait pas commandé en chef, et le comité jugea prudent de lui adjoindre Carnot. Cobourg était posté près de Wattignies avec trente-cinq mille hommes.

Les Français l'attaquèrent dans cette position pendant deux jours, le 15 et le 16 octobre, le battirent et le forcèrent à lever le blocus de Maubeuge. Carnot avait bravement payé de sa personne, marchant à la tête d'une colonne, en costume de représentant et ceint de l'écharpe aux couleurs nationales. Le 17, les vainqueurs de Wattignies entrèrent à Maubeuge au milieu des transports d'une joie frénétique. Carnot repartit immédiatement pour Paris et sembla n'avoir point quitté son bureau, où il continua à entretenir une intéressante correspondance avec les armées.

Nous citons çà et là dans cette correspondance volumineuse et intéressante à plus d'un titre :

« C'est l'oisiveté, c'est la vie molle des garnisons et des cantonnements qui détruisent l'énergie et la discipline... Que les généraux donnent l'exemple de l'activité, des mœurs et du désintéressement... Mais ils ne restent point à leurs corps et fuient la peine et l'austérité, qui seules peuvent établir l'ordre. »

« Il faut empêcher la guerre de se nationaliser, il faut faire craindre le nom français, mais ne pas le faire haïr. »

Voici un précepte qui devrait être gravé profondément dans l'esprit de tous les généraux, et dont l'oubli a marqué douloureusement la première période de la lutte terrible que la France soutient en ce moment contre la Prusse.

« Attaquez sans cesse, et toujours avec des forces dominantes, en frappant à l'improviste, tantôt sur un point, tantôt sur un autre... « Nous n'aimons » pas qu'on nous dise que tel poste faible a résisté à l'attaque d'un corps » beaucoup plus considérable. Un tel événement prouve toujours l'ignorance » ou le défaut de vigilance. L'art du général est de faire en sorte que partout » où l'ennemi se présente, il trouve une force supérieure à la sienne. »

N'est-ce pas là de l'histoire contemporaine ? Il est à remarquer que les généraux du second empire ont été battus pour avoir abandonné les traditions de tactique et de victoire des armées de la République, et que, si nos ennemis nous ont vaincus, ils n'y sont parvenus qu'en nous empruntant ces traditions et en nous dérobant pour ainsi dire nos propres armes.

Carnot écrit encore au général en chef de l'armée des Ardennes :

... « Aguerris les troupes, entretiens-y avec fermeté la discipline et l'exercice ; ne les fatigue point, mais tiens-les perpétuellement en haleine ; oblige les officiers généraux à les visiter chaque jour, à leur donner l'exemple de l'activité, de la moralité et du désir de vaincre...

» Change fréquemment de position pour déranger les combinaisons de l'ennemi, relève souvent les garnisons et les états-majors, pour couper toutes les trames et déjouer les complots. Harcèle l'ennemi, vis à ses dépens ; grossis tes forces dans l'opinion pour enfler le courage de nos soldats et intimider les ennemis... « monte un espionnage qui t'instruise de tout », jette la terreur chez les ennemis, poursuis-les sans cesse, ne te laisse jamais prévenir par eux...

» Il ne faut pas se piquer de battre l'ennemi dans ses différents postes à » forces égales ou inférieures ; c'est un procédé chevaleresque qui ne convient » pas à notre système de guerre. Avec ce faux point d'honneur, on perpétue » la guerre à l'infini. Il faut au contraire chercher toujours le point faible » de l'ennemi, et avec une supériorité telle que la victoire ne puisse être » douteuse. »

Encore une fois voilà la guerre telle que nous la font les Prussiens depuis plus de deux mois.

Plus tard, nous retrouverons le Carnot des grands jours dans le *Traité de la défense des places fortes*, qu'il publia à Paris en 1810.

« La véritable mesure de la durée des sièges et de la force des places, dit Carnot, consiste moins dans la forme de leurs murailles que dans leur garnison et la somme de leurs approvisionnements. » Selon lui, l'assiégé doit toujours vouloir le contraire de ce que veut l'assiégeant : se défendre de vive force contre les attaques de vive force; se défendre pied à pied contre les attaques pied à pied. Si l'ennemi évite l'assaut, il faut le contraindre à le tenter. S'il marche lentement et avec une patience calculée, il faut opérer des sorties brusques, imprévues, mettre en fuite ses travailleurs et détruire ses travaux. Il faut que le système général de la défense se compose d'une série d'attaques partielles. « Le nouveau mode de défense consiste dans ce jeu alternatif des sorties et des feux verticaux, combinés de manière que l'ennemi ne puisse éluder ceux-ci sans s'exposer à celles-là, ni se mettre en mesure contre les premières sans se faire accabler par les autres. »

Enfin, Carnot arrive à cette conclusion :

« De l'écrit qu'on vient de lire résulte, je crois, cette vérité tranquillisante, que les barrières de l'empire français sont absolument inexpugnables pour quelque puissance ou réunion de puissances que ce soit, si on les défend bien; qu'une bonne garnison, établie dans l'une de nos places actuelles et animée du noble désir de s'illustrer, peut, aussi longtemps qu'elle se trouvera pourvue de subsistances et de munitions, tenir tête à une armée dix fois plus nombreuse, la faire échouer, et même détruire entièrement celle qui s'obstinerait à vouloir surmonter sa résistance. »

Quatre ans plus tard, Carnot eut à mettre en action les principes de défense qu'il avait si bien déduits. Nommé en janvier 1814 gouverneur d'Anvers, il y arriva le 2 février et trouva la place fort exposée par les pertes que venait d'éprouver l'armée qui la couvrait. Il concentra aussitôt les troupes dans la ville et ne conserva que deux postes au dehors. La garnison ne s'élevait pas à plus de 11,500 soldats. Dès le soir de son arrivée, Carnot constitua un conseil de défense. Bientôt le bombardement commença. Il dura trois jours. L'ennemi jeta dans la ville 1,500 bombes et 800 boulets rouges.

Pendant ce temps et pendant toute la durée du siège et du blocus qui suivit, la garnison ne perdit que 27 hommes. Le 26 mars, le gouverneur d'Anvers écrivait au ministre de la guerre :

« Notre situation actuelle est très bonne. Je fais des sorties fréquentes pour tenir l'ennemi en échec et me procurer des vivres. J'en ai pour plus de trois mois. La place est dans le meilleur état de défense; l'artillerie des remparts est formidable. La terre et la marine s'accordent parfaitement. On me seconde bien. Bulow m'a fait une espèce de sommation à laquelle j'ai répondu comme je devais le faire. La ville d'Anvers est la plus heureuse de toute la Belgique, peut-être de toute la France. Les habitants me témoignent une grande confiance, quoique je leur fasse donner beaucoup d'argent et d'objets de tout genre nécessaires à la garnison. J'ai fait battre une monnaie obsidionale de cuivre, qui a cours sans difficulté. J'ai fait raser les faubourgs jusqu'à trois cents toises, sauf les points qui m'ont paru plus utiles que nuisibles à la défense, et les habitants de ces faubourgs m'ont presque remercié de ne leur avoir fait que le mal inévitable. »

Carnot avait en effet conservé les faubourgs de Borgerhout et de Willebrord; en agissant ainsi, il se conformait aux principes qui lui avaient fait écrire jadis :

« Les ignorants sont grands destructeurs de faubourgs, grands noyeurs de campagnes, tandis que les gens instruits sont grands conservateurs; au lieu de détruire les faubourgs, ils en font des postes avantageux à la défense même de la ville. »

Le 27 mars, la garde impériale dut quitter Anvers sur l'ordre de Napoléon. A cette nouvelle, les Anglais, qui s'étaient éloignés, se rapprochèrent. Le général Ducos, commandant de la citadelle, eut à repousser l'offre insultante de 500,000 francs, puis d'un million qui lui était faite pour livrer son poste.

Les nouvelles de la reddition de Paris et de l'entrée des alliés dans cette capitale n'ébranlèrent ni la résolution de Carnot, ni le courage des Anversois. Le 8 avril, Bernadotte, devenu Charles-Jean, roi de Suède, écrivit au gouverneur pour l'engager à se rendre; il n'obtint qu'un refus poli. En vain, le nouveau ministre de la guerre, Dupont, fit-il connaître à Carnot la déchéance de Napoléon Bonaparte et de sa famille; Carnot, s'appuyant sur une délibération du conseil de défense pour révoquer en doute l'authenticité des informations qu'on lui faisait parvenir, ordonna à l'aide de camp du ministre de partir au plus tôt. « Monsieur, lui dit-il, vous vous exposiez à être fusillé comme porteur de fausses nouvelles. » Au même moment, un officier anglais offrit un armistice en demandant pour garantie la remise du fort de Batz. « Pour le moment, répondit Carnot, je crois avoir moins besoin d'une suspension d'armes que votre général, et je ne l'achèterai à aucun prix. » Le commandant du fort de Batz, Roqueret, sollicité à son tour par le général hollandais Sweerts, ne se laissa pas davantage intimider.

La convention du 23 avril, signée par le comte d'Artois, mit seule une fin à la résistance de Carnot dans les murs d'Anvers. Il quitta la ville à la tête de sa garnison, le 3 mai 1814, à cinq heures du matin.

Ministre de l'intérieur pendant les Cent-Jours, membre de la commission du gouvernement qui fut instituée après la seconde abdication de Bonaparte, Carnot ne put rien faire qui ajoutât à la gloire qu'il s'était acquise au comité de salut public et dans le gouvernement d'Anvers.

Eugène Gellion-Danglar.

(Extrait du *Journal officiel* des 31 octobre et 1er novembre 1870.)

(N° 6.) LE SIÈGE DE VENISE EN 1849

Le 23 mars 1849, les Piémontais avaient été battus à Novare.

L'Assemblée nationale de Venise se réunit le 2 avril et vota le décret suivant :

« L'Assemblée des représentants de l'État de Venise,

» Au nom de Dieu et du peuple,

» Unanimement,

» Décrète :

» Venise résistera aux Autrichiens à tout prix. »

Ce fut tout.

Par ce simple décret, une ville qui ne comptait pas une population de cent trente mille âmes annonçait au monde qu'elle allait lutter avec une des plus formidables puissances européennes.

Nul secours à attendre de l'Italie vaincue; nul secours à attendre de l'Europe indifférente.

La principale défense de la ville consistait en un boulevard nommé *Marghera*. Ce boulevard servait de tête de pont à la lagune et protégeait l'entrée de la ville à l'ouest. Il comprenait un corps de logis principal entouré d'un ouvrage en courtines en forme de queue d'hirondelle.

Les bastions défendaient par leurs flancs une lunette qui fermait l'ouvrage principal, flanqué lui-même par deux redoutes, *Manin* et *Rizzardi*. On ajouta à ce moment trois batteries qu'on baptisa du nom de *Pie IX*, de *Saint Marc* et de *Charles-Albert*. Plus tard, on accrut encore les défenses d'une quatrième batterie, qu'on appela *Dei cinque archi*, et qui dominait la voie ferrée; d'une cinquième, de 16 canons, à la pointe de l'île San-Giuliano, et d'une sixième, près du fort Rizzardi.

Les fossés étaient remplis d'eau, les parapets en bon état; les remparts comptaient cent quarante-six bouches à feu.

Ces fortifications étaient défendues par 2,400 hommes qui avaient devant eux 30,000 soldats impériaux.

Le 10 avril, les Autrichiens cernèrent la ville; mais ce ne fut qu'à la fin du mois qu'ils purent commencer leurs travaux. Le terrain marécageux et souvent inondé offrait aux assiégeants des obstacles sans cesse renaissants.

Ce fut dans la nuit du 29 au 30 que les Autrichiens tracèrent leur première parallèle. Elle fut armée de six batteries qui se trouvaient placées à mille mètres des forts. Radetsky voulut commencer le feu, dès le 4 mai, et il en fixa la durée à trois jours et trois nuits.

A sa grande stupéfaction, ce feu fut éteint, dès le début, par l'artillerie vénitienne.

L'effet de ce premier échec fut énorme sur une population aussi impressionnable. Il remplit Venise de joie et d'enthousiasme.

Le lendemain, Haynau, qui commandait le corps de siège, envoya un parlementaire. Ce dernier était porteur d'une lettre non cachetée adressée au dictateur et ayant pour suscription ces mots, qui avaient évidemment une intention dédaigneuse :

« A l'avocat Manin. »

Haynau sommait purement et simplement l'avocat Manin de se rendre.

Pour toute réponse, le président lui envoya copie du décret de l'Assemblée.

Les Autrichiens reprirent leurs travaux et, dans la nuit du 5 au 6, tracèrent une seconde parallèle.

Le 9 mai, les Vénitiens firent une sortie.

Six cent soixante hommes lombards, napolitains et frioulans, commandés par Sirtori et Rosaroll, se précipitèrent, avant le lever du soleil, sur les travaux ennemis. En un instant, les travailleurs sont massacrés, les gabions défoncés, les outils brisés. Puis, les forces autrichiennes accourant de toutes parts, la retraite s'opère en bon ordre, sous la protection des canons du fort.

Un épisode de cette retraite montre quelle bravoure animait ces hommes qui combattaient pour la patrie.

Deux de leurs blessés n'avaient pu regagner à temps la forteresse. Ils s'étaient blottis derrière un accident de terrain et de là appelaient à l'aide. L'ennemi les avaient entendus et tirait sur eux.

Leur porter secours était imprudent; le feu ennemi balayait la plaine. Vingt soldats sortirent cependant.

Ils se précipitent comme un ouragan; l'un d'eux tombe sur le chemin; mais ils arrivent à leurs camarades, les enlèvent et les rapportent au pas de course.

Quand ils atteignirent Marghera, ils s'aperçurent que leurs amis étaient morts.

Cependant, la ville commençait à être en proie à la famine. Elle ne s'était point attendue à être cernée de toutes parts, même par mer, et il fallait faire de fréquentes sorties pour rapporter quelques provisions insuffisantes.

Les habitants n'en demeuraient pas moins fermes. Tous étaient décidés, et joyeux de l'être. Ce n'était pas la première fois, et ce ne devait pas être la dernière, qu'une cité amollie par les plaisirs, séjour de toutes les folies, rendez-vous de fête pour le monde, donnait à ce monde le spectacle inattendu de la résignation et de l'énergie dans l'épreuve.

Malgré les efforts des assiégés, malgré la rupture des digues et l'inondation du terrain, les Autrichiens terminèrent leur troisième parallèle le 22 mai.

Ils l'armèrent de cent cinquante canons.

Le 24, à cinq heures du matin, une grêle de projectiles s'abattit sur Marghera, sur les îles voisines et sur le pont.

Les Autrichiens tiraient quatre-vingts coups à la minute; soixante-quatorze mille bombes étaient tombées dans Marghera. Les parapets étaient démolis, cinq cents hommes avaient été mis hors de combat, y compris le commandant. On riposta à l'ennemi jusqu'au crépuscule; puis, quand la dernière cartouche eut été brûlée, on encloua les pièces, on jeta le matériel à l'eau, et l'on évacua le fort silencieusement.

Le lendemain seulement, n'entendant plus rien, quelques Autrichiens se hasardèrent, et, trouvant la forteresse vide, en prirent possession.

On lit dans le rapport du général autrichien :

« Marghera offre un aspect épouvantable; on ne peut y faire un pas sans rencontrer les traces d'une destruction profonde; les quelques édifices restés sur pied ne sont qu'un monceau de ruines; les parapets ainsi que les palissades sont détruits de façon à ne pouvoir en reconnaître la forme; enfin nous admirons nos ennemis qui ne cédèrent qu'après avoir soutenu ces trois jours terribles. »

Les Vénitiens ne se découragèrent pas.

La prise de Marghera n'entraînait pas la prise de Venise. L'ennemi avait encore à franchir le pont de la lagune. On y construisit une redoute qui porta le nom de *Piazzale*. On y joignit deux batteries latérales et l'on jeta des canonnières dans les eaux du canal.

On pouvait tenir encore; mais deux ennemis plus formidables que l'étranger s'étaient déjà emparés de Venise. J'ai nommé le premier, la famine; le second était le choléra.

L'eau manquait, la viande manquait, le pain manquait et, ce qui était plus épouvantable, la poudre aussi manquait. Les rues commençaient à s'emplir de cadavres sans blessures.

Dans cette situation, on essaya de traiter. L'ennemi exigea la reddition sans conditions, le bannissement des citoyens influents, le retour pur et simple à l'état qui avait précédé la révolution.

La ville poussa un cri de rage et refusa.

Le 13 juin, l'ennemi ouvrit le feu sur le Piazzale.

Le 27 juin fut un jour néfaste. Une poudrière sauta et le lieutenant-colonel Rosaroll fut tué.

Cesare Rosaroll était un véritable héros. Comme Achille et Roland, on le disait invulnérable. Jusque-là, en effet, bien qu'il fût audacieux jusqu'à la témérité, il était sorti sain et sauf de tous les périls. Les balles sifflaient autour de lui sans l'atteindre; la mitraille le respectait. Il avait été renfermé dans les casemates de Naples et avait survécu; bien plus il avait essayé de se tuer et n'avait pas réussi. Cette fois, son heure était venue.

Il se trouvait sur la batterie Sant'Antonio, pointant lui-même un canon, quand la poudrière sauta. Le premier mouvement de Rosaroll, au lieu d'être un mouvement de recul, fut un mouvement en avant. Il se précipita au milieu des débris volants. En même temps, un boulet lui fracassa l'épaule.

En tombant, Rosaroll poussa un cri :

« Canonniers, à vos pièces! »

Un instant après, il rouvre les yeux, et, apercevant près de lui son ami Cosens :

« Tu as encore une batterie, dit-il, sauve Venise! »

Et il expire.

La mort de cet homme jeta la tristesse, mais non la consternation dans les rangs de ses compagnons. Le Piazzale continua à résister, si bien que l'ennemi, ennuyé, résolut de risquer un coup de main.

Durant toute la journée du 7 juillet, la chaleur avait été étouffante. Le soir, le ciel se couvrit, et le tonnerre commença à gronder. Au milieu des ténèbres épaisses, plusieurs barques, remplies de soldats, se détachèrent de la rive de Marghera et glissèrent doucement vers le Piazzale. Deux brûlots se dirigeaient d'un autre côté, pour détourner l'attention.

Les défenseurs, fatigués, dormaient. Protégés par la nuit et l'orage, les Autrichiens arrivent jusqu'au pied de la muraille. Ils l'escaladent, et se dressent soudain sur la plate-forme.

Au cri d'alarme, poussé par la sentinelle, répond une double clameur, effroyable, inouïe, faite des hurlements de ceux qui attaquent et des imprécations de ceux qui s'éveillent. Alors commence une de ces luttes corps à corps, sublimes, désespérées, où d'aucune part on ne recule, et qu'aimaient à décrire les poètes antiques, dans leurs invraisemblables épopées. Pêle-mêle désordonné de corps, d'épées, de bras qui s'enlacent et de poignards déchirant les poitrines. Parfois un coup de feu éclaire l'ombre. Les Autrichiens, s'aidant de leurs ongles, grimpent aux pierres, se suspendent à leurs armes; quelques-uns arrivent, d'autres retombent pesamment dans l'eau qui clapote lugubrement. On se massacre sans se voir. Demi-nus, les Italiens frappent avec tout ce qu'ils trouvent, baïonnettes, couteaux, fragments de rochers. Les mourants, foulés aux pieds, gémissent; les combattants poussent des cris de rage; les barques s'entre-choquent sous le vent, et, d'instants en instants, dominant ces bruits sinistres, le fracas de la foudre parcourt l'étendue.

La victoire resta aux Vénitiens. Le lendemain, l'aube éclairait, derniers vestiges du combat nocturne, quelques débris de barque flottant à la rive, et, sur la muraille, des traces de mains sanglantes.

Les Autrichiens revinrent aux canons. Jusqu'à la fin du mois, il n'y eut rien de nouveau à signaler.

Dans la nuit du 30 juillet, les défenseurs de Piazzale remarquèrent une chose étrange; ils entendaient le canon, mais le feu ne les atteignait plus. Soudain, ils aperçurent dans le ciel comme des étoiles filantes, qui allaient se perdre du côté de Venise. Les bombes autrichiennes dépassaient le Piazzale; elles atteignaient l'intérieur de la ville.

Alors commença cette chose épouvantable, monstrueuse, et pourtant, dit-on, approuvée par le droit des gens, et qu'on appelle bombardement d'une ville. Venise, c'est-à-dire une cité pleine de souvenirs, de musées, de chefs-d'œuvre, le palais des doges, la cathédrale de Saint-Marc, le Campanile, Santa-Maria della Salute, avec son fronton chargé de statues, San Giorgio Maggiore, semblable à une coquille de nacre; ici le Tintoret, là Véronèse; plus loin, Pordenone, Palma, Titien, Bonifazio, toutes ces richesses, toutes ces grandeurs, tous ces rêves réalisés pouvaient être saccagés, ruinés, détruits par je ne sais quels morceaux de fer idiots envoyés par des canons stupides.

Ce que les plus rares intelligences avaient mis des siècles à enfanter pouvait être anéanti en un jour par la machine inconsciente et par la science imbécile; et qu'on ne vienne pas me dire qu'il est ridicule d'épargner les monuments quand on n'épargne pas les hommes. Le monument, lui aussi, est une vie, la vie prolongée du génie. Une œuvre d'art parfaite est la joie éternelle du monde. Un jour viendra, je l'espère, où les nations comprendront qu'il est aussi nécessaire d'épargner certaines villes, que de ne point user d'armes empoisonnées.

Réveillés au milieu de la nuit, les pauvres habitants du faubourg Canareggio envahirent les rues et les places, hagards, nus, levant les bras au ciel. Six mille familles environ se répandirent dans la ville, les hommes essayant d'emporter quelques meubles, les femmes enlevant dans leurs bras leurs enfants, fardeaux plus précieux, les malades et les blessés se traînant aux lueurs de l'incendie, et tombant parfois sur le pavé, d'où ils ne se relevaient plus. Toute cette cohue informe, sanglotant, hurlant au milieu des débris et éclats, se dirigeait vers la place Saint-Marc encore épargnée. Là, les attendait une population frémissante; tout Venise était debout, et les toits des palais regorgeaient de spectateurs.

Une scène vraiment touchante se passa alors sur cette place. Les riches se précipitaient au-devant des pauvres; chacun se disputa l'honneur de leur donner un asile. On s'embrassait, on se serrait les mains; toutes les portes s'ouvraient. Plus de plébéiens, plus de nobles, rien que des citoyens. Mais les maisons ne purent suffire, il fallut loger des familles entières sous les portiques des Procuraties, du Palais ducal et la Zecca. Là, les hommes s'assirent, jetant sur leur quartier désolé ce regard terne et vide où se lisent les profondes douleurs; et l'on vit, chose sublime, l'enfant du riche partager son lit avec l'enfant du pauvre, auprès des deux mères qui pleuraient.

Voici ce que raconte à ce propos M. Xavier Gnoinsky, dans son livre si intéressant intitulé *Dix-sept mois de lutte à Venise.*

« Égale en cela à toutes les villes italiennes, à Florence qui eut ses Guelfes et ses Gibelins, à Rome qui a son Transtevere, Venise avait eu jusqu'à ce jour-là deux courants distincts, deux camps populaires : les Castellani et les Nicolotti : les premiers habitant les quartiers voisins de San Pietro di Castello, les seconds ceux du Canareggio.

» La rivalité, pour ne pas dire la haine de ces deux partis populaires, entretenue par l'égalité du métier qu'ils exerçaient, par l'émulation d'adresse que ce métier réclame, enfin par ces fameuses régates dont les triomphes perpétuaient la gloire des familles, avait pris des proportions colossales, ne laissant échapper nulle occasion pour se manifester en défis, insultes, provocations, voire même au besoin en coups de couteau ou de rame.

» On ne pouvait être à Venise que Nicolotto ou Castellano, bonnet bleu ou rouge, emblèmes distinctifs de ces nouveaux Capuletti ou Montecchi. Jamais un habitant de Canareggio ne dépassait la pointe de l'île de San Pietro di Castello sans recevoir une insulte; jamais un Castellano ne rentrait dei Santi Apostoli sans en rapporter le double, et la terre se serait plutôt dérobée sous leurs pieds, le soleil se serait plutôt arrêté dans sa marche, avant qu'un bonnet rouge eût sauvé son confrère bleu se noyant dans quelque canal de la lagune, avant qu'une fille de la Riva dei Schiavoni eût épousé un Nicolotto.

. . . .

» Quand les habitants de Castello apprirent le malheur qui arrivait à leurs rivaux de Canareggio, haine, animosité, outrages, tout fut oublié, mis de côté devant l'ennemi commun, et il n'y eut pas une porte qui ne s'ouvrît devant ces nouveaux frères. Les mains se serrèrent, on échangea les bonnets, et il n'y eut plus à Venise ni Castellani ni Nicolotti. »

Ce fait paraîtra caractéristique à tous ceux qui connaissent la profondeur des haines locales.

Le bombardement dura vingt-trois jours, du 29 juillet au 22 août. Pendant ce temps, il tomba dans Venise vingt-deux mille cinq cent quarante projectiles de toute espèce. On se demande comment une ville peut survivre à de pareils fléaux absolument comme on s'étonne qu'après certaines batailles, il puisse rester un homme debout. Il faut absolument avoir recours, en ces circonstances, à quelques raisons providentielles.

Ni l'église de Saint-Marc, ni le palais ducal ne furent atteints par les boulets, qui se montrèrent ainsi plus intelligents que les hommes. En revanche, beaucoup d'autres églises ou palais furent dégradés, entre autres l'église *dei Scalzi*, les palais *Mocenigo, Foscari* et *Loredano,* et le théâtre de la Fenice.

Cependant les deux autres ennemis, le choléra et la famine, continuaient leur œuvre de destruction. Il y eut jusqu'à quatre cents cas de choléra par jour. On manquait de bras pour enterrer les morts.

Le 21 août, il y eut sur la place Saint-Marc un spectacle lugubre.

Une foule immense, composée d'hommes du peuple, hâves, décharnés, demi-nus, s'avança sous les fenêtres du palais. On eût dit une bande de squelettes, et le bruit qu'ils faisaient en marchant semblait le fracas de leurs os entrechoqués.

Manin parait au balcon.

Alors une rumeur sort de ces mille poitrines, et ce cri se détache, sombre, profond, caverneux :

« Nous avons faim... »

Pareil à un héros de Plutarque, le dictateur se croise les bras, et, après avoir enveloppé la multitude d'un regard admirable de dédain et d'énergie :

« Que celui qui a faim s'avance ! »

Personne ne bougea.

Manin montra une fois de plus, ce jour-là, le pouvoir d'un geste et d'un mot sur un peuple en délire.

Dernier effort, suprême lueur du flambeau qui allait s'éteindre pour longtemps. L'assemblée nationale fut convoquée afin de décider du sort de la ville. La résistance avait été héroïque, sublime; mais tout manquait enfin, vivres, munitions, espoir.

Tout était perdu, fors l'honneur. Encore un peu de temps, et la faim et la peste n'auraient plus laissé un citoyen debout.

Personne, cependant, n'osa prononcer le mot de capitulation. Mot terrible, et odieux aux hommes libres. La reddition se fit à voix basse, sourdement, tristement. L'assemblée se contenta de décider qu'elle conférait à Manin la faculté libre et entière de pourvoir, le mieux qu'il le jugerait, à l'honneur et aux besoins de la ville.

Le 22 août, Venise capitula.

Quelques jours après commença l'embarquement des grands proscrits. Parmi eux, le plus illustre, Manin, se réfugia à Paris, où il vécut plusieurs mois dans une mansarde en gagnant son pain par la ville et donnant des leçons d'italien.

On peut dire de tous ces hommes ce que Tommaseo dit de lui-même .

« Aujourd'hui, je puis me vanter de n'avoir jamais souffert nulle rémunération de mon travail, de n'avoir rejeté avec dédain ni la prière du pauvre ni la demande de l'opprimé; de n'avoir jamais fermé ni mon cœur ni ma porte au malheur; et si je sors vivant de Venise, d'en sortir le front haut et serein. »

Henry Maret.

(Extrait du *Journal officiel* du 30 novembre 1870.)

(N° 7) LA SANTÉ DU SOLDAT

La SOCIÉTÉ MÉDICALE des hôpitaux de Paris, préoccupée de la santé des hommes qui font campagne, leur adresse les conseils suivants. — Elle fait un pressant appel, pour seconder ses efforts, au patriotisme et au zèle des officiers et sous-officiers.

Dans les grandes guerres, il y a plus de malades que de blessés, plus de morts par les maladies que par les feux de l'ennemi. — Sur 100 décès, il y en a 75 par les maladies, 25 seulement par le feu.

SOBRIÉTÉ

L'abus des liqueurs est tellement dangereux, que pour détruire efficacement le mal, le général Grant, aux États-Unis, en prohiba absolument l'usage dans les camps et même dans les *mess* d'officiers.

Cette défense fut suivie d'une amélioration notable dans la santé des troupes.

Il est certain, de trop nombreux exemples le prouvent, qu'une semblable mesure est aussi urgente pour nous, et elle aurait, si elle était strictement observée, les mêmes résultats qu'en Amérique (1).

L'usage des liqueurs est funeste, à jeun surtout. Elles produisent le tremblement, l'abrutissement et de nombreux cas de folie. — L'absinthe, plus redoutable encore, cause souvent le haut mal.

Quand l'alimentation est insuffisante, c'est une grave erreur de croire qu'on peut longtemps remplacer les aliments par les liqueurs fortes; leur abus détermine des dérangements de corps et même la dysenterie.

Elles sont presque toujours frelatées et produisent rapidement l'ivresse; *or, en campagne, en face de l'ennemi, l'ivresse est un crime et une lâcheté.*

Après une faction par le froid et la pluie, après une nuit de garde, une soupe chaude, du café ou du thé chauds et sucrés, auxquels on peut ajouter

---

(1) Aux États-Unis, lors de la guerre de la Sécession, le gouvernement du Nord avait décidé que tout soldat surpris en état d'ivresse serait puni de huit jours d'arrêts avec nourriture au pain et à l'eau, et que dans le cas de récidive, le coupable serait fusillé. Grâce à cette menace, l'ivrognerie, cependant si répandue à l'origine, disparut en très peu de temps, sans qu'aucun cas de récidive eût motivé la peine de mort. — On sait d'ailleurs que c'est par *une discipline, une constance, une fermeté inébranlables*, que les Fédéraux triomphèrent des Sudistes qui avaient pourtant, au début, tous les avantages.

(*De la discipline dans la Garde nationale.* — 1er janvier 1871.)

une très faible proportion d'eau-de-vie ou de rhum, sont les meilleures boissons.

Les chefs de corps, soucieux de la discipline et de la santé de leurs soldats, feront exercer une surveillance sévère sur le personnel des cantiniers et surtout des cantinières.

Ils ont aussi le droit et le devoir de faire vérifier la qualité des produits vendus dans les cantines.

ALIMENTS

En baraques, la cuisine faite sur des fourneaux fixes sera meilleure, coûtera moins cher, et il y aura moins de gaspillage.

Quand on fait usage des salaisons, les faire tremper pendant plusieurs heures dans de l'eau froide d'abord, puis changer cette dernière pour les faire cuire.

Pour éviter le scorbut, y joindre des légumes frais si c'est possible, cuits ou crus, surtout de la salade. — Laver la bouche à grande eau à la fin du repas.

Dans les expéditions au pôle nord, on s'est bien trouvé de mâcher chaque jour une ou deux rondelles de pommes de terre crues.

Dans les marches à la pluie, protéger le pain en l'enveloppant dans un morceau d'étoffe imperméable.

Quand, à défaut de pain, on mange du biscuit, il faut le ramollir en le trempant dans un liquide : eau, bouillon, vin, café, etc.

On peut aussi le rafraîchir en l'exposant à un feu de braise.

Le biscuit mangé sec est difficilement digéré et cause des dérangements de corps.

PROPRETÉ

Chaque jour, l'homme devrait se laver tout le corps avec de l'eau et du savon.

En campagne, les lavages généraux sont impossibles; mais, en dehors des soins habituels de propreté, on devra se laver les pieds chaque jour, et surtout après de longues marches. Ces lavages reposent beaucoup, et, s'ils sont faits rapidement et avec de l'eau tiède ou froide ils fortifient la peau, loin de la ramollir.

En campagne, surtout l'hiver, il est préférable de laisser pousser toute la barbe; mais il faut la tenir proprement et la raccourcir avec des ciseaux. Tenir les cheveux courts.

L'usage du rasoir en commun peut causer des maladies de la peau contagieuses et rebelles.

Éviter de se servir, sans les avoir bien lavés et essuyés, du verre, du bidon, du couvert de ses camarades. Il ne faut jamais fumer avec la pipe des autres. De graves maladies ont été souvent communiquées par l'usage commun de ces objets.

Des visites fréquentes des soldats doivent être faites au point de vue de la propreté et de la santé par le chirurgien du corps.

VÊTEMENTS

En campagne, l'hiver surtout, le soldat ne devrait porter que de la laine : chemise, caleçon, chaussettes.

Quand on a été mouillé, le premier soin doit être de se sécher par tous les moyens possibles et de changer de chaussures.

Le linge de corps, toile ou laine, sera lavé souvent : une fois par semaine, si c'est possible.

Avec la chaleur perdue des cuisines en plein air et des feux de bivouac, faire chauffer l'eau pour les soins de propreté et de blanchissage.

COUCHER

Au bivouac, un morceau de tissu enduit de caoutchouc de 1 mètre de large sur 1 mètre 80 de long, étendu par terre, rendrait de grands services en préservant absolument le corps de l'humidité du sol. L'homme enveloppé dans sa couverture de laine s'étendrait sur ce drap, qui, en marche, s'il pleuvait, servirait de manteau et protégerait l'homme, son fourniment et ses vivres.

Cette couverture en caoutchouc a rendu de grands services aux soldats américains, qui en étaient tous pourvus; elle est considérée comme un des moyens qui ont le plus contribué à maintenir en bon état la santé des troupes.

Pour faire de ce caoutchouc un manteau, il suffit d'ajouter près du bord d'un des côtés les plus longs une série d'œillets métalliques à 5 ou 6 centimètres de distance; en passant un fort lacet ou une corde dans ces œillets, on transformera ce drap en un manteau froncé imperméable.

Avec un couvre-képi à couvre-nuque et ce manteau, tout le haut du corps est complètement à l'abri de la pluie.

Au bivouac en plein air, se couvrir la figure pendant le sommeil pour éviter les maux d'yeux.

En baraques, le lit de camp en planches, quoique plus dur, est préférable aux matelas au point de vue de la propreté; les matelas deviennent vite durs et se remplissent de vermine.

A moins de pluies abondantes, les baraques seront largement ventilées pendant le jour, en laissant portes et fenêtres ouvertes.

Se défier des femmes qui rôdent dans le voisinage des campements; elles sont presque toutes malades. Beaucoup de soldats de la mobile sont mariés; les gardes nationaux sédentaires le sont presque tous; qu'ils sachent bien qu'un moment d'entraînement et d'oubli peut faire entrer dans la famille une maladie justement redoutée, dont la guérison n'est jamais certaine, et qui frappe ses victimes jusque dans leurs enfants.

LA LEVÉE EN MASSE

Il ne reste à la France qu'une planche de salut : la **levée en masse** rendue obligatoire par la loi.

APPEL AU GOUVERNEMENT DE LA DÉFENSE NATIONALE

La défense de Paris, l'armement de ses remparts et de ses forteresses, sont organisés avec une remarquable intelligence; et certes, l'ennemi trouvera son tombeau dans la grande cité, s'il se hasarde à y pénétrer. Mais, dans l'état actuel des choses, on doit se poser la question de savoir s'il tentera l'aventure, ou s'il n'emploiera pas plutôt un moyen plus facile et plus sûr pour amener Paris à capitulation.

Après le désastre de Sedan, on ne croyait pas encore à la possibilité de l'investissement de Paris. Chacun disait : La Prusse ne saurait mettre sur pied une armée assez nombreuse pour entourer Paris et intercepter ses communications; soit d'un côté, soit d'un autre, Paris trouvera toujours moyen de s'approvisionner; donc, si l'ennemi ne peut réduire Paris par la famine, Paris reste imprenable; et, dans cette pensée, Paris concentrait dans ses remparts toutes ses forces, tous ses moyens de défense, attendant l'ennemi sous ses murs, et se préparant de pied ferme à la lutte.

Cependant l'ennemi est arrivé, et ce qu'on regardait comme impossible — l'investissement complet de Paris, — il l'a accompli en *quatre jours!*

Oui, quatre jours ont suffi au roi Guillaume pour isoler Paris du monde entier pour l'empêcher de recevoir du dehors, vivres, renforts, munitions, même ses correspondances.

Et à cette heure, derrière ses formidables défenses, Paris attend que son ennemi vienne lui livrer l'assaut!

Eh! pourquoi l'ennemi viendrait-il se faire écraser sous ce redoutable choc? ne sait-il pas qu'il trouverait une mort certaine, s'il franchissait même l'espace compris entre les forts détachés et l'enceinte continue!

N'a-t-il pas à sa disposition, si Paris persiste à l'attendre, l'arme au bras, dans ses murs, le moyen aussi sûr que moins dangereux, pour le forcer à merci :

La famine à laquelle on n'a jamais cru, à laquelle on ne croit pas encore!

Comment, s'écrie-t-on de toutes parts, Paris se laisser prendre par la famine quand il lui reste encore pour plus de deux mois d'approvisionnements; mais avant que ces deux mois soient écoulés, l'ennemi sera décimé lui-même par la famine, s'il ne se décide, avant, à nous attaquer dans nos murs où nous l'attendons; mais! loin de sa base d'opérations, il est déjà sans ressources, ses soldats manquent de pain; on les a vus ramasser dans les ordures quelques croûtes qu'on y avait jetées; ils sont sans vêtements, et ils marchent pieds nus; encore quelques jours, et la mauvaise saison arrivant, ils périront de misère s'ils ne tombent pas sous nos coups!...

Étrange illusion! Funeste sécurité!

Quoi! est-ce sérieusement qu'on envisage ainsi la situation; qu'on ne veut pas voir que les rôles sont intervertis; que c'est nous qui, dans peu de jours, seront dans la détresse; que c'est eux qui seront dans l'abondance!

Pourquoi donc persister dans un pareil aveuglement?

N'est-il pas aujourd'hui bien constant que Paris ne reçoit plus rien, absolument rien du dehors, et que, faute de les alimenter, ses ressources, quelque importantes qu'elles soient encore à cette heure, seront vite épuisées?

Par contre, est-il moins patent que l'ennemi qui a, libre, derrière lui, tout l'espace, peut à son gré et avec la plus grande facilité, s'approvisionner, impunément, aux dépens de la France entière! Ne sommes-nous pas au lendemain de la récolte? Et cette récolte n'est-elle pas suffisante pour nourrir 37 millions d'individus pendant presque une année encore? Il n'a donc qu'à puiser à pleines mains, et c'est bien ce qu'il fait.

Quant aux intempéries, doit-il davantage les redouter? N'a-t-il pas à sa libre disposition plus de maisons pour s'abriter, plus de combustible pour se chauffer, qu'il ne lui en faut? et s'il lui manque encore quelque chose, peut-il être en peine de se le procurer!

Qu'on cesse donc de répéter sur tous les tons :

Nous ne manquons de rien!
L'ennemi manque de tout!

quand c'est le contraire qui existe.

Mais qu'y a-t-il à faire pour reprendre notre rôle perdu?

Une seule chose :

Renoncer au système suivi dès et depuis le début de la guerre; ne plus opposer *le petit nombre au grand nombre;* mais opposer à *une grande masse une masse plus grande encore!*

Ne pas se borner à attendre, derrière les fortifications, l'attaque de l'ennemi.

Aussi longtemps qu'on lui laissera la perspective de nous prendre par la famine, il attendra, sans impatience, que l'heure arrive; c'est affaire d'arithmétique; il sait que Paris peut vivre pendant deux mois; il attendra trois mois sans autre souci que celui de maintenir l'investissement; après quoi, Paris, mourant de faim, demandera grâce!

Il faudrait être bien aveugle pour refuser de se rendre à l'évidence de cette vérité.

Et s'il faut en arriver là, à quoi bon attendre plus longtemps? Pourquoi prolonger encore le supplice de la population de Paris et de la France entière?

Si tout espoir est perdu, si nous sommes impuissants à continuer la lutte, ce serait un crime d'ajouter au nombre, si grand déjà, des victimes, un nombre peut-être plus grand encore.

Mais, grâce au ciel, non, tout espoir n'est pas perdu! Tout au contraire, Paris et la France doivent conserver la plénitude de leur espoir; disons plus : la certitude de vaincre l'ennemi quelque favorable que lui soit la fortune à l'heure présente.

A cette fin, et sans perdre un seul instant, il est nécessaire, indispensable, que le Gouvernement de la Défense nationale fasse ce qui aurait dû être fait le lendemain du jour où il a accepté la lourde tâche de sauver le pays :

Une levée en masse!

L'appel sous les armes de tous les citoyens valides de la France!

Qu'il organise, *simultanément*, sur la plus vaste échelle, la fabrication des armes, des munitions, en un mot, des engins de guerre de toute sorte.

Il faut que tout homme qui sait travailler le fer, façonner le bois, soit mis à l'œuvre. En pareille circonstance, le moindre forgeron devient armurier; le charpentier, le menuisier, le scieur de long, deviennent, comme le charron, aptes à fabriquer des affûts, des caissons, des chariots.

Mais pour arriver à ce résultat, ce n'est plus à un appel au patriotisme, à la bonne volonté des hommes qu'il faut avoir recours;

Il n'est plus de saison ce refrain de théâtre : « Tous les Français *sont volontaires* quand la Patrie est en danger. »

Non! mille fois non! tous les Français ne sont pas volontaires; qu'on ne s'y trompe pas, les volontaires, même quand la Patrie est en danger, forment le petit nombre, sont l'exception, surtout dans les provinces; mais nous nous hâtons de le reconnaître, en France, les hommes qui ne viendraient pas d'eux-mêmes, s'empressent d'obéir, *quand c'est la loi qui ordonne*, nous en avons l'expérience, nous qui avons passé une partie de notre vie au milieu des populations de la campagne.

Qu'une loi soit donc rendue d'urgence appelant *obligatoirement* à la défense de la Patrie tout Français en état de porter les armes!

Que, par cette même loi, tout ouvrier, sachant travailler le fer ou le bois, soit requis de se rendre dans les arsenaux de l'État, dans toutes les fabriques d'armes de la France, pour y être employé selon son aptitude.

Et quand cet appel sera fait, *de par la loi*, il n'y aura point de réfractaire, chacun obéira, chacun fera son devoir et deviendra soldat, brave et dévoué, sans qu'il soit besoin de gendarmes ni de commissaires extraordinaires.

Et c'est ainsi qu'en moins de deux mois, peut-être, la France improvisera une armée formidable qui aura bientôt chassé de son sol les hordes serviles du monstre à face humaine qui s'appelle Guillaume.

Le salut de la France est à ce prix.

Que cette grande mesure soit donc prise sans délai, comme sans hésitation, et Paris, confiant dans l'espoir d'être secouru par les provinces, en attendant, soutiendra héroïquement la lutte, se soumettra sans murmurer à toutes les fatigues du siège, à toutes les privations qui lui sont imposées.

Mais qu'on y prenne garde! Si la France ne se sauve pas elle-même, elle court grand risque de subir le sort de la Pologne!

Les Soussignés, partageant l'idée émise dans les considérations qui précèdent, que la levée en masse rendue obligatoire par la loi, est le seul moyen de sauver la France,

S'adressent avec confiance au Gouvernement de la Défense nationale, pour le conjurer de prendre sans crainte comme sans retard, cette énergique mesure pour le salut commun.

Et il aura bien mérité de la Patrie qui lui en sera reconnaissante.

Paris, le 6 octobre 1870.

En terminant la reproduction des documents qui précèdent, je tiens à remercier mon excellent collaborateur et ami, M. Frédéric Dubois, qui m'a secondé avec dévouement dans l'œuvre que j'avais entreprise à l'époque de nos malheurs.

Je remercie également M. Albert Trombert, attaché à la librairie de la Maison Chaix, à qui j'ai confié le soin de mettre en ordre les pièces contenues dans ce recueil, et qui a apporté dans cette tâche son zèle et son patriotisme d'Alsacien.

A. C.

TABLE DES MATIÈRES

PREMIÈRE PARTIE

DÉFENSE DE PARIS

DEUXIÈME PARTIE

SECOURS AUX BLESSÉS

ANNEXES

Publications patriotiques de la garde nationale.

IMPRIMERIE CENTRALE DES CHEMINS DE FER. — IMPRIMERIE CHAIX,
RUE BERGÈRE, 20 PARIS. — 8388-4-90.

RED. :

23

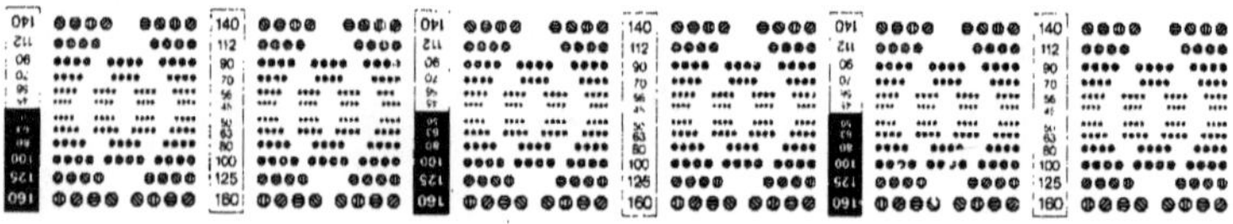

379 89 70
graphicom

MIRE ISO N° 1
NF Z 43-007
AFNOR
Cedex 7 - 92080 PARIS-LA-DÉFENSE

www.ingramcontent.com/pod-product-compliance
Lightning Source LLC
Chambersburg PA
CBHW071829090426
42737CB00012B/2215